A. Weißhun

Dienst-Unterricht des Infanterie-Gemeinen

A. Weißhun

Dienst-Unterricht des Infanterie-Gemeinen

ISBN/EAN: 9783741166617

Hergestellt in Europa, USA, Kanada, Australien, Japan

Cover: Foto ©Lupo / pixelio.de

Manufactured and distributed by brebook publishing software
(www.brebook.com)

A. Weißhun

Dienst-Unterricht des Infanterie-Gemeinen

Dienst-Unterricht

des

Infanterie-Gemeinen.

Ein Leitfaden

für den Offizier und Unteroffizier beim Ertheilen des Unterrichts,

sowie

ein Hülfsbuch

für den Gemeinen zur Belehrung über seine Dienstobliegenheiten.

Von

Weißhun,

Oberst-Lieutenant und Bataillons-Kommandeur im Ostpreußischen Füsilier-Regiment Nr. 33.

99. Ausgabe.

Potsdam,

Verlag von Eduard Döring.

Königliche-Hofbuchhandlung.

1883.

Einen neuen Menschen hat er angezogen;
Mit dem Leben der Welt ausgesöhnt
Schließt er sich an eine würdige Menge,
Muß ein vornehmer Geist selbst in ihr seh-
en.

Der Adel muß sich können fühlen!
Wer's nicht edel und nobel treibt,
Lieber weit von dem Handwerk bleibt.

Inhalt.

I. Einleitung.

II. Pflichten des Soldaten.

III. Von den Vorgesetzten und militairischen Graden.

IV. Allgemeine Dienstobliegenheiten.

B. Der Marschdienst.

C. Vorpostendienst.

D. Unterbringung der Truppen.

Rawitsch, den 15. Januar 1879.

Regiments-Befehl.

Da Zweifel darüber vorhanden gewesen sind, was ich im theoretischen Unterricht von Rekruten und alten Leuten bei den einzelnen Besichtigungen verlange, so bestimme ich unter Zugrundelegung des Instruktions-Buches von Waldersee /: Ausgabe 1878 :/

Es müssen fest sitzen:

1. Rekruten-Besichtigung.

a. Kap: I bis incl: IX bei den Rekruten.
b. Kap: I " " XVI " " alten Leuten.

2. Kompagnie-Besichtigung.

a. Kap: I bis incl: XVI bei den Rekruten
b. Kap: I " " XVII " " alten Leuten.

Den Rekruten ist das Kapitel XVII im Laufe des Frühjahres und Sommers von der Kompagnie-Besichtigung bis zur Bataillons-Besichtigung zu instruiren.

Der Regiments-Kommandeur.

Nr. 99. gez: von Massow.

Die Grundlage der deutschen Wehrverfassung: Die allgemeine Wehrpflicht.

Jeder Deutsche ist wehrpflichtig und darf sich in der Ausübung dieser Pflicht nicht vertreten lassen.

Jeder wehrfähige Deutsche gehört sieben Jahre lang dem stehenden Heere – und zwar die ersten drei Jahre bei den Fahnen, die letzten vier Jahre in der Reserve – und die folgenden fünf Jahre der Landwehr an.

I. Einleitung.

1. Verpflichtung zum Kriegsdienste.

Jeder waffenfähige Deutsche ist zum Kriegsdienste verpflichtet.

Unwürdig, Soldat zu werden, sind alle Diejenigen, welche entehrender Verbrechen wegen mit Zuchthaus bestraft wurden.

2. Bestimmung des Soldaten.

Der Soldat ist dazu berufen, Thron und Vaterland gegen den Feind mit bewaffneter Hand zu schützen. Die ihm anvertraute Waffe darf er niemals mißbrauchen, er muß sie stets in Ehren halten und soll selbst sein Leben für sie hingeben in der Stunde der Gefahr.

3. Aushebung und Einstellung in das stehende Heer.

Die Aushebung geschieht alljährlich zur Ergänzung des Abganges.

Die Kreis-Ersatz- und Ober-Ersatz-Commissionen prüfen die Abkömmlichkeit der Dienstpflichtigen und ermitteln ihre Brauchbarkeit. Die als tauglich Ausgehobenen werden zu einem bestimmten Zeitpunkt den verschiedenen Truppentheilen als Rekruten überwiesen. Nach dem Eintreffen bei der Truppe erfolgt ihre Einkleidung und Vereidigung.

4. Dauer der Dienstzeit.

1. Die Militairpflicht beginnt mit dem 20. Lebensjahre und währt im Ganzen 12 Jahre.

Der Soldat hat 7 Jahre im stehenden Heere — davon 4 Jahre in der Reserve — und 5 Jahre in der Landwehr zu dienen. Dann erfolgt sein Uebertritt zum Landsturm.

2. Leute, welche vor ihrer Aushebung freiwillig zum Militairdienst eintreten, sind zur Wahl des Truppentheils berechtigt und werden Dreijährig-Freiwillige genannt.

3. Diejenigen Wehrpflichtigen, welche wissenschaftliche Bildung besitzen und die Ausrüstung und Verpflegung selbst beschaffen können, brauchen nur 1 Jahr zu dienen und heißen dann **Einjährig-Freiwillige**.

4. Soldaten, welche sich nach 3jähriger Dienstzeit zum Weiterdienen freiwillig verpflichten, nennt man **Kapitulanten**.

5. Die Kriegsartikel, der Eid und die Fahne.

1. Die **Kriegsartikel** machen den Soldaten bekannt:

1) mit den ihm obliegenden Pflichten,
2) mit den Strafen, wenn er seine Pflichten verletzt,
3) mit den Belohnungen für treue Pflichterfüllung.

2. In dem **Eide** gelobt der Soldat seinem Landes- und Kriegsherrn Treue und gewissenhafte Erfüllung aller Pflichten, indem er dabei Gott zum Zeugen anruft, daß das Gelöbniß aus aufrichtigem Herzen mit dem ernsten Vorsatz kommt, Alles, was er versprochen, redlich zu halten.

Soldaten-Eid.

Ich N. N. schwöre zu Gott dem Allwissenden und Allmächtigen einen leiblichen Eid, daß ich Seiner Majestät dem Könige von Preußen, Wilhelm I., meinem allergnädigsten Landesherrn, in allen Vorfällen, zu Lande und zu Wasser, in Kriegs- und Friedenszeiten, und an welchen Orten es immer sei, treu und redlich dienen, Allerhöchstdero Nutzen und Bestes befördern, Schaden und Nachtheil aber abwenden, die mir vorgelesenen Kriegsartikel und die mir ertheilten Vorschriften und Befehle genau befolgen und mich so betragen will, wie es einem rechtschaffenen, unverzagten, pflicht- und ehrliebenden Soldaten eignet und gebühret. So wahr mir Gott helfe durch Jesum Christum zur Seligkeit.*)

*) Für Katholiken lauten die Betheuerungsworte: „So wahr mir Gott helfe und sein heiliges Evangelium!" Juden bekräftigen den Eid durch die Worte: „So wahr mir Gott helfe!"

Diese Eidesformel gilt für den **Preußischen** Soldaten, die Mannschaften der anderen Deutschen Truppentheile schwören ihrem Landesherrn und geloben außerdem, die Befehle des ~~Bundesfeldherrn~~ zu befolgen.

3. Die **Fahne** vertritt bei der Eidesleistung die Person des Kaisers und Königs; zu ihr schwören heißt: dem obersten Kriegsherrn schwören und gehorchen. Sie ist ein Heiligthum, das der Soldat vor Gefahr und Unglück bewahren, das er selbst mit Aufopferung des eigenen Lebens vertheidigen muß.

betrifft Hebung der Qualification des Unter-
offizier-Corps, welches den Truppen aus den
Unteroffizier-Schulen zugeführt wird. —

Die unverbrüchliche Wahrung der im Fahnen-
eide gelobten Treue ist die erste Pflicht des
Soldaten.

Dem Soldaten soll seine Fahne heilig sein.
Wer dieselbe verläßt, oder von der Fahne weg-
bleibt, um sich seiner Verpflichtung zum
Dienst zu entledigen, macht sich der Fahnenflucht (: Desertion :) schuldig.

Die Dienstpflichten des Soldaten für den Infanteristen bearbeitet von Rüdiger von [illegible]. – Hannover 1887 Helwing'sche Verlagsbuchhandlung.

II. Pflichten des Soldaten.

Nächst der im Eide dem Landes- und Kriegsherrn gelobten Treue, als erste Pflicht, erfordert der Beruf des Soldaten: Kriegsfertigkeit, Muth und Tapferkeit, Gehorsam, Achtung und Ehrerbietung gegen die Vorgesetzten, Kameradschaft, Diensteifer und ehrenhafte Führung.

1. **Treue** ist die unerschütterliche Anhänglichkeit an den Kaiser und König in Ehrfurcht und Liebe bis zum Tode.

2. Die **Kriegsfertigkeit** besteht darin, daß der Soldat die Pflichten und Obliegenheiten seines Berufes genau kennt, daß er die nöthige Sicherheit im Waffengebrauch und Geschicklichkeit zu allen Dienstverrichtungen besitzt, daß sein Körper stark und kräftig ist zum Ertragen von Beschwerden aller Art.

3. **Muthig** ist derjenige, welcher vor keiner Schwierigkeit und Gefahr zurückschreckt. Wer diesen Muth im Kampfe zeigt, heißt **tapfer**. Feigheit ist für den Soldaten schimpflich und erniedrigend.

4. Unter **Gehorsam** versteht man die pünktliche Befolgung der Befehle der Vorgesetzten. Durch den Gehorsam ordnet sich der Untergebene dem Vorgesetzten unbedingt unter. Diese Unterordnung nennt man Subordination.

Der Soldat ist aber seinen Vorgesetzten nicht allein Gehorsam schuldig, sondern auch:

5. **Achtung** und **Ehrerbietung**, welche sich nicht allein in der äußeren Haltung des Untergebenen den Vorgesetzten gegenüber kundgeben muß, sondern in seinem ganzen Denken und Verhalten gegen Letztere, auch wenn diese nicht gegenwärtig sind.

6. Unter **Kameradschaft** versteht man das gute und rechtliche Verhalten eines Soldaten gegen den anderen. Der Soldat soll mit seinen Kameraden in Eintracht leben, darf in Kampf, Noth und Gefahr sie nicht verlassen und muß ihnen mit allen Kräften Hülfe leisten, wenn sie in erlaubten Dingen seines Beistandes bedürfen.

7. Derjenige Soldat ist **diensteifrig**, welcher mit Lust und Liebe seinen Dienst verrichtet und ungesehen ganz ebenso seine Schuldigkeit thut, als unter den Augen seiner Vorgesetzten.

8. Die **ehrenhafte Führung** besteht darin, daß der Soldat ein gesittetes, ordentliches Leben führt, um das Ansehen des Standes und den guten Ruf seines Truppentheils aufrecht zu erhalten.

Ueber den militairischen Geist in einer Truppe.

Ein guter militairischer Geist herrscht in einer Truppe:

wenn zwar ein jeder Soldat in seinem Kameraden seinen treuen Gefährten, seinen Rathgeber, aber auch seinen Richter erkennt;

wenn ein Jeder von der Wichtigkeit seiner Pflichten so durchdrungen ist, daß er sich den Tadel seiner Kameraden zuzuziehen fürchtet, falls er pflichtwidrig handelt;

wenn die Soldaten Unwürdige nicht aufkommen lassen und diesen offen ihren Abscheu zeigen;

wenn jeder Soldat in Gemeinschaft mit den Uebrigen bestrebt ist, den guten Ruf seines Truppentheils zu erhalten.

III. Von den Vorgesetzten und militairischen Graden.

1. Eintheilung der Vorgesetzten.

Die Vorgesetzten des Soldaten zerfallen in 5 Hauptklassen

1. **Generale;**
2. **Stabsoffiziere;**
3. **Hauptleute und Rittmeister;**
4. **Subaltern-Offiziere;**
5. **Unteroffiziere.**

Zu den Generalen gehören: General-Feldmarschall, General-Oberst, General-Feldzeugmeister, General der Infanterie oder Kavallerie, General-Lieutenant und General-Major.

General-Feldmarschälle: Kronprinz Friedrich Wilhelm, Prinz Friedrich Karl, Graf von Moltke, Freiherr von Manteuffel, Herwarth von Bittenfeld.

General-Obersten: Großherzog von Mecklenburg-Schwerin, Prinz August von Württemberg.

General-Feldzeugmeister: Prinz Karl.

Zu den Stabsoffizieren: Oberst, Oberst-Lieutenant und Major.

Im Range der Hauptleute stehen: die Rittmeister bei der Kavallerie und dem Train.

Zu den Subaltern-Offizieren: Premier-Lieutenant und Seconde-Lieutenant.

Berlin, den 25. Febr: 1886.

Mit Allerhöchster Genehmigung haben die Unteroffiziere des Garde-Schützen-Bataillons die Bezeichnung „Oberjäger" zu erhalten.

Nr 50/2 86. A.1. Kriegsministerium.

gez: Bronsart von Schellendorff.

Zu den Unteroffizieren: Feldwebel, Vice-Feldwebel, Portepeefähnrich, Sergeant und Unteroffizier.

Bei der Kavallerie, der reitenden Artillerie und dem Train ist anstatt Feldwebel und Vice-Feldwebel die Benennung: Wachtmeister und Vice-Wachtmeister. Die Oberfeuerwerker bei der Artillerie haben Feldwebelsrang. Die Unteroffiziere bei den Jägern heißen Oberjäger. Die Ober-Lazarethgehülfen zählen zu den Sergeanten, die Lazarethgehülfen zu den Unteroffizieren.

Militair-Aerzte.

I. Militair-Aerzte mit Offiziersrang (Sanitäts-Offiziere).

1. Generalstabsarzt der Armee (Rang als General-Major).
2. Generalarzt (Rang als Oberst oder Oberstlieutenant).
3. Oberstabsarzt (Rang als Major oder Hauptmann).
4. Stabsarzt (Rang als Hauptmann).
5. Assistenzarzt (Rang als Premier- oder Seconde-Lieutenant).

II. Militair-Aerzte mit Unteroffiziersrang.

1. Unterarzt.
2. Einjährig-freiwilliger Arzt.

2. Abzeichen der verschiedenen militairischen Grade.

I. Generale.

Sie tragen Epauletts mit silbernen Raupen oder Feld-Achselstücke, aus breitem goldenen, mit Silber durchwirkten Flechtwerk bestehend. Auf denselben hat

der General-Feldmarschall 2 kreuzweis liegende Kommandostäbe;

der General-Oberst und der General-Feldzeugmeister 3 Sterne;

der General der Infanterie oder Kavallerie 2 Sterne;

der General-Lieutenant 1 Stern;

der General-Major keinen Stern.

Die Generale tragen einen roth gefütterten Waffenrock, an welchem die Knöpfe bis unten reichen, zur Parade einen Waffenrock mit goldener Stickerei am Kragen, an den Aufschlägen und Schößen, auf der linken Schulter eine dicke silberne Raupe und auf der rechten ein goldenes Achselband mit den Gradabzeichen.

Am Helm ein fliegender Adler mit Stern, auf dem Helm zur Parade ein schwarz und weißer Federbusch.

An den Beinkleidern breite rothe Streifen.

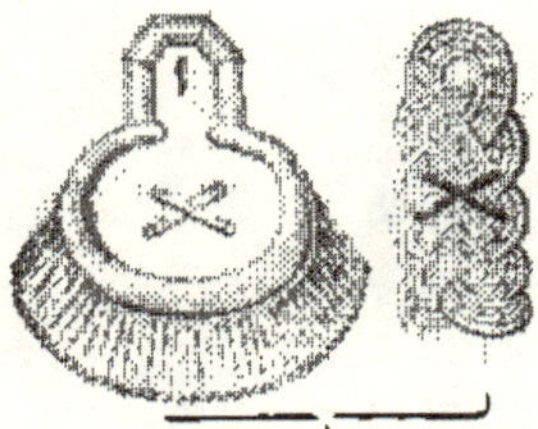

General=Feldmarschall.

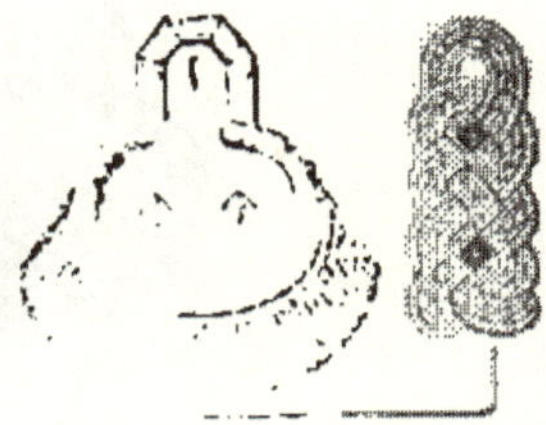

General der Infanterie oder Kavallerie.

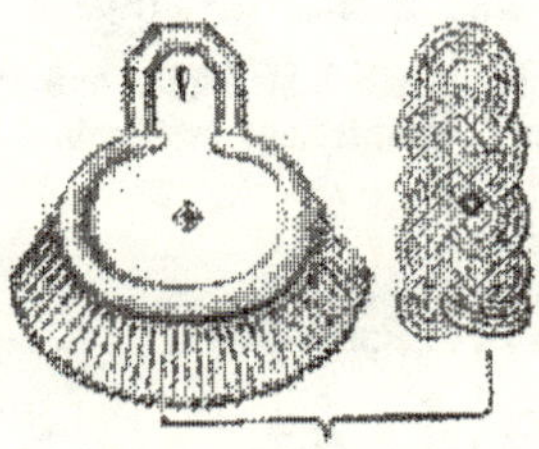

General=Lieutenant.

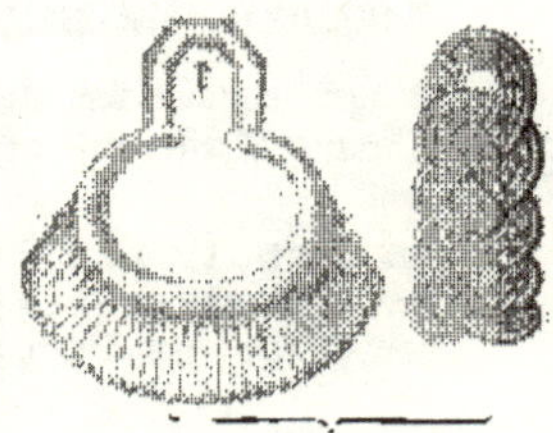

General=Major.

II. Stabsoffiziere.

Sie tragen Epauletts mit silbernen Frangen oder Feld=Achselstücke, aus breitem silbernen, schwarzdurchwirkten Flechtwerk auf farbiger Tuchunterlage bestehend. Auf denselben hat

der *Oberst* 2 Sterne;
der *Oberst=Lieutenant* 1 Stern;
der *Major* keinen Stern.

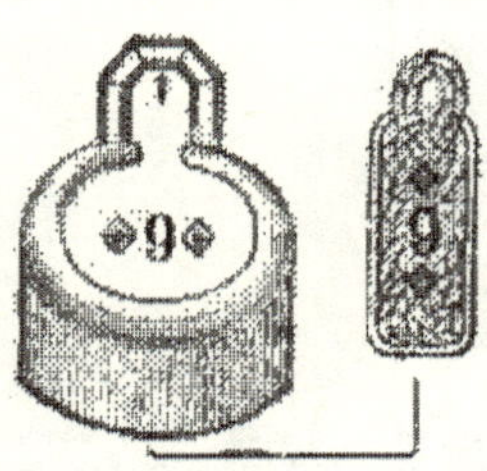

Oberst.

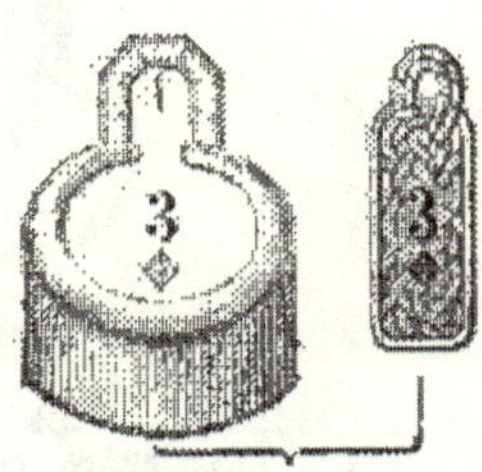

Oberst=Lieutenant.

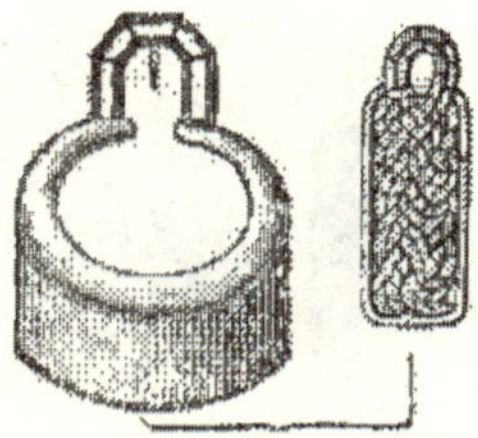

Major.

III. Hauptleute (Rittmeister) und Subaltern-Offiziere.

Sie tragen einfache Epauletts oder Feld-Achselstücke, aus einer schmalen silbernen Tresse auf farbiger Tuchunterlage bestehend. Auf denselben hat

der Hauptmann 2 Sterne;
der Premier-Lieutenant 1 Stern;
der Seconde-Lieutenant keinen Stern.

Hauptmann.

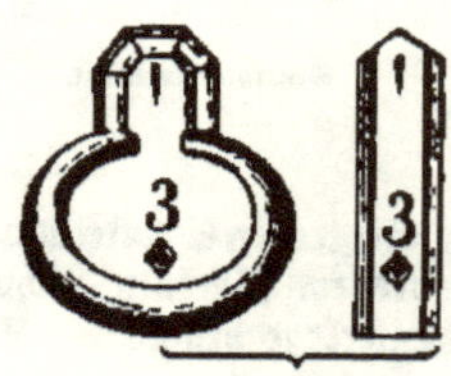

Premier-Lieutenant.

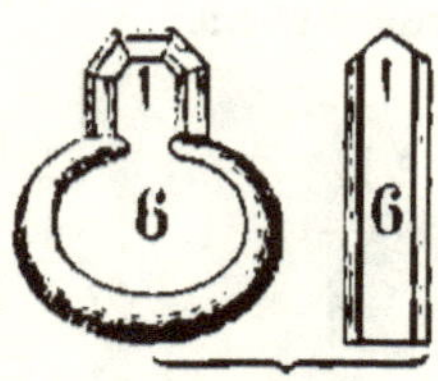

Seconde-Lieutenant.

Anmerkung. — Die Husaren-Offiziere tragen keine Epauletts, sondern silberne Achselschnüre, welche bei den Rittmeistern und Lieutenants einfach, bei den Stabsoffizieren doppelt sind.

IV. Unteroffiziere.

Sie haben goldene oder silberne Tressen am Kragen und an den Aermelaufschlägen des Waffenrocks.

1. Die Feldwebel und Vice-Feldwebel tragen Adlerknöpfe am Kragen des Rocks und das Offizier-Seitengewehr mit silbernem Portepee.

2. Die Portepeefähnriche tragen das silberne Portepee und, sobald sie das Offizier-Examen bestanden haben, das Offizier-Seitengewehr.

3. Die Sergeanten tragen Adlerknöpfe am Kragen und eine schwarz-weiße Säbeltrodbel.

4. Die Unteroffiziere tragen eine schwarz-weiße Säbeltrodbel. Bei den Oberjägern ist die Trodbel von grüner, mit Silber durchwirkter Seide.

Abzeichen am Mantelkragen: auf jeder Außenseite ein Knopf (Adlerknopf bei den Feldwebeln, Vice-Feldwebeln und Sergeanten, glatter Knopf bei den Portepeefähnrichen und Unteroffizieren), auf jeder Kragenpatte eine schwarz-weiße Borte.

3. Anderweitige Abzeichen.

1. Mannschaften, welche zum Lehr-Bataillon kommandirt waren, tragen am unteren Rande der Achselklappen eine Schnur von der Farbe der Nummerschnur.

2. Die zur Schießschule kommandirt gewesenen Mannschaften erhalten an den Aermelaufschlägen 3 Adlerknöpfe.

3. Die besten Schützen der Kompagnie erhalten an den Aermelaufschlägen schwarz-weiße Borten.

4. Einjährig-Freiwillige tragen um die Achselklappen des Waffenrocks und Mantels eine schwarz-weiße Schnur.

5. Kapitulanten tragen auf den Achselklappen eine schwarz-weiße Schnur und die Unteroffiziertrodbel am weißen Bande.

6. Die Gefreiten haben an jeder Seite des Waffenrockkragens einen kleinen Adlerknopf. Die Obergefreiten der Artillerie tragen den Sergeanten-Knopf und die Unteroffiziertrodbel.

4. Die unmittelbaren Vorgesetzten des Soldaten.

Die unmittelbaren Vorgesetzten des Soldaten sind:

1. der kommandirende General;
2. der Divisions-Kommandeur;

In einem von der 9. Division zur Sprache gebrachten Spezialfalle hat das General-Kommando 5. Armee-Korps unterm 14. d. Mts. entschieden, daß den Garnison-Ältesten (: nicht Kommandanten :) das Honneur der Brandwachen nur von den Mannschaften der ihnen untergebenen Truppentheile, nicht aber von denen anderer Truppentheile derselben Garnison zu erweisen sei.

Posen, den 16. September 1863.

Kommando der 10. Division.

I. V.

gez: von Kirchbach.

3. der Gouverneur, Kommandant oder Garnison-Aelteste;
4. der Brigade-Kommandeur;
5. der Regiments-Kommandeur;
6. der Bataillons-Kommandeur;
7. der Kompagnie-Chef;
8. die Offiziere der Kompagnie;
9. die Unteroffiziere der Kompagnie.

5. Anrede an die Vorgesetzten.

Der Kaiser und König wird angeredet: Euer Majestät.
Von ihm sagt man: Seine Majestät der Kaiser und König.
Der Kronprinz wird angeredet: Euer Kaiserliche und Königliche Hoheit.
Von ihm: Seine Kaiserliche und Königliche Hoheit der Kronprinz.
Ein Königlicher Prinz wird angeredet: Euer Königliche Hoheit.
Von ihm: Seine Königliche Hoheit der Prinz N.
Ein General-Feldmarschall, General der Infanterie oder Kavallerie und General-Lieutenant wird angeredet: Euer Excellenz.
Von ihnen: Seine Excellenz der Herr General-Feldmarschall N.
Seine Excellenz der Herr General der Infanterie u. s. w.

Die übrigen Vorgesetzten werden angeredet:

der General-Major — Herr General;
der Oberst — Herr Oberst;
der Oberst-Lieutenant — Herr Oberst-Lieutenant;
der Major — Herr Oberstwachtmeister;
der Hauptmann — Herr Hauptmann;
der Premier-Lieutenant, der Seconde-Lieutenant — Herr Lieutenant;
der Feldwebel, der Vice-Feldwebel — Herr Feldwebel;
der Portepeefähnrich — Herr Fähnrich;
der Sergeant — Herr Sergeant;
der Unteroffizier — Herr Unteroffizier.

IV. Allgemeine Dienstobliegenheiten.

1. Die militairischen Ehrenbezeugungen oder Honneurs.

Man unterscheidet:
Honneurs ohne und mit Gewehr.

a. Honneurs ohne Gewehr.

Die Honneurs ohne Gewehr zerfallen in:
Frontmachen;

Anlegen der rechten Hand an die Kopfbedeckung;
Vorbeigehen in gerader Haltung und
Stillstehen mit der Front nach dem Vorgesetzten.

1. **Der Soldat macht Front vor:**
- Ihren Majestäten dem Kaiser und der Kaiserin;
- den Mitgliedern des Königlichen Hauses;
- den Feldmarschällen und dem Chef des Regiments;
- dem kommandirenden General des Armee-Korps;
- dem Gouverneur, Kommandanten ~~oder Garnison-Aeltesten~~;
- dem Divisions-, Brigade-, Regiments- und Bataillons-Kommandeur;
- dem Kompagnie-Chef und den Offizieren der Kompagnie.

2. **Der Soldat grüßt durch Anlegen der rechten Hand an die Kopfbedeckung:**
- alle übrigen Offiziere, die Militair-Aerzte, sämmtliche Unteroffiziere der Armee und Marine, die Zahlmeister, die Intendantur-Beamten, die Auditeure, die Korps- und Ober-Roßärzte und die Militair-Geistlichen im Ornate.

3. **Der Soldat geht in gerader Haltung an dem Vorgesetzten vorbei:**
- sobald er einen Gegenstand trägt, welchen er nicht verbergen kann.

Ordonnanzen mit Briefen und Briefmappen machen jedoch die vorgeschriebenen Honneurs.

4. **Der Soldat nimmt eine gerade Haltung an:**
- sobald er steht oder sitzt und ein Vorgesetzter an ihm vorbeigeht.

b. Honneurs mit Gewehr.

Die Honneurs mit Gewehr zerfallen in:

Anfassen des Gewehrs;
Vorbeigehen mit Gewehr über und
Stillstehen mit Gewehr bei Fuß.

1. **Der Soldat faßt das Gewehr an vor:**
- allen Mitgliedern des Kaiserlichen und Königlichen Hauses;
- sämmtlichen Offizieren der Armee und Marine;
- den Militair-Aerzten mit Offiziersrang.

2. **Der Soldat geht mit Gewehr über an dem Vorgesetzten vorbei:**
- sobald er Etwas in der Hand trägt oder ein wesentlicher Theil des Gewehrs fehlt.

Posen, den __________ 1874.

Corps-Befehl.

In Bezug auf das Frontmachen bestimme ich das Nachstehende:

1. Das Frontmachen hat nur innerhalb der Festungen resp: innerhalb der offenen Städte zu erfolgen.

Für die Festungen ist hiebei der Raum innerhalb der Glacislinie der Stadtenceinte (: Fort Winiary ist mit zur Stadtenceinte zu rechnen :/), für die offenen Städte hat der Garnison-Älteste den Rayon zu bestimmen, welcher die Stadtenceinte bezeichnet.

2. Auf Brücken sowie unter Thoren wird nicht Front gemacht.

No 5126 I. Der kommandirende General.

gez: von Kirchbach.

Regiments-Befehl v. 11 Juli 1885 No 1612.

Zur Beseitigung von Verschiedenheiten im Regiment bestimme ich hierdurch, daß Abtheilungen, denen sich ein Vorgesetzter nähert, stets die Augen nach demselben zu nehmen, eventl: also auch Front zu machen haben, wenn sich der Vorgesetzte von rückwärts nähert.

gez: Raae.

Garnison-Befehl. Rawitsch, 28. 12. 88.

Die Offiz: u. Mannschaften sind dahin zu instruieren, daß sie durch ihr Zusammenstehen den Verkehr auf dem Bürgersteige nicht hemmen dürfen.

Verboten ist es den Offiz: u. Mannschaften mit Gewehr im Arm auf die Straße zu gehen. —

3. Der Soldat behält das Gewehr bei Fuß und steht still:

sobald er mit Gewehr ab steht.

Bei allen Honneurs, welche in streng militairischer Haltung auszuführen sind, muß dem begegnenden Vorgesetzten ausgewichen und derselbe dreist angesehen werden. Sie beginnen etwa 5 Schritt vor dem Vorgesetzten und hören in gleicher Entfernung hinter ihm auf.

2. Honneurerweisung in besonderen Fällen.

1. Steht oder winkt ein Vorgesetzter, vor dem Front zu machen ist, so geht der Soldat vorbei und faßt an die Kopfbedeckung.

2. Kommt ein Vorgesetzter von hinten oder von der Seite, so grüßt ihn der Soldat, sobald er ihn bemerkt.

3. Hat der Soldat Jemand angefaßt, so läßt er denselben los, wenn er einem Vorgesetzten begegnet, und macht das vorgeschriebene Honneur.

4. Steht oder marschirt der Soldat in einem Trupp, so macht er keine Honneurs für sich, sondern wartet dazu das Kommando ab.

Tritt jedoch ein Vorgesetzter an einen sich rührenden Trupp heran und redet hier einen Soldaten an, so steht derselbe still.

5. Sieht ein Soldat zum Fenster hinaus und es geht ein Vorgesetzter auf der Straße vorbei, so nimmt er eine gerade Haltung an.

6. Liegt ein Vorgesetzter im Fenster, so grüßt der vorbeigehende Soldat durch Anlegen der Hand an die Kopfbedeckung.

7. Spricht ein Soldat mit einem Kameraden und es nähert sich ein Vorgesetzter, so muß er sein Gespräch unterbrechen. Raucht er, so nimmt er sofort die Pfeife oder Cigarre aus dem Munde.

8. Steht der Soldat in der Hausthür, wenn ein Vorgesetzter vorbeigeht, so tritt er einen Schritt vor und nimmt eine gerade Haltung an.

9. Will ein Vorgesetzter in eine Thür gehen und der Soldat steht dicht dabei, so hat er diese zu öffnen und Platz zu machen.

3. Der militairische Gehorsam oder die Subordination.

1. Die Pflicht des Gehorsams fordert von dem Untergebenen die pünktliche, unbedingte Befolgung der Befehle der Vorgesetzten.

2. Der Soldat hat als seine Vorgesetzten zu betrachten:

1) sämmtliche Offiziere und Unteroffiziere der Armee und Marine;
2) die Militair-Aerzte mit Offiziers- und Unteroffiziers-Rang;

3) jeden Soldaten, welcher Unteroffizierdienste thut, Quartierältester ist oder einen jüngeren dienstlich ausbildet, so lange dieser Dienst dauert;
4) Wachen, Posten, Patrouillen und Gendarmen.

3. Der Soldat muß auch dann gehorchen, wenn er glaubt, daß ihm ein Unrecht geschehen oder ein ertheilter Befehl unzweckmäßig ist.

4. Niemals darf der Untergebene nach Ursachen oder Gründen eines erhaltenen Befehls fragen.

5. Hat der Soldat einen Befehl oder Auftrag nicht richtig verstanden, so erbittet er in geziemender Weise vom Vorgesetzten eine nähere Erläuterung.

6. Widerspricht ein erhaltener Befehl dem früheren eines abwesenden Vorgesetzten, so ist der anwesende Vorgesetzte auf bescheidene Weise davon in Kenntniß zu setzen und sein Befehl, falls er auf dessen Ausführung bestehen sollte, zu befolgen. Der Untergebene muß aber nachher dem anderen Vorgesetzten die Abweichung von dessen Befehl melden.

4. Benehmen im dienstlichen Verkehr mit Vorgesetzten.

1. Das Benehmen des Soldaten im dienstlichen Verkehr mit Vorgesetzten muß neben militairischer Haltung bescheiden, offen und unbefangen sein.

2. Fragen des Vorgesetzten sind laut und bestimmt zu beantworten.

3. Sobald der Soldat von einem Vorgesetzten einen Auftrag oder Befehl erhält, muß er genau auf das Gesagte achten. Hat er die an ihn gerichteten Worte nicht deutlich verstanden, so fragt er, z. B. „Wie befehlen der Herr Hauptmann?"

4. Bietet ein Vorgesetzter einer Abtheilung einen guten Morgen und dergl., so erwidert dies die Abtheilung, z. B. „Guten Morgen, Herr Oberst."

5. Geht der Soldat zu einem Vorgesetzten in dessen Wohnung, so läßt er sich durch den Burschen oder die Ordonnanz anmelden, tritt dann, ohne vorher anzuklopfen, in die Stube und wartet in dienstlicher Haltung, bis der Vorgesetzte sich zu ihm wendet. Dann nähert er sich diesem bis auf einige Schritte und vollzieht die Meldung oder trägt sein Anliegen vor. Ist der Soldat mit Helm und Seitengewehr, so behält er die Kopfbedeckung auf. Erscheint er ohne Seitengewehr und mit der Mütze, so wird diese in die Hand genommen, das Futter nach innen.

Ist der Soldat mit dem Gewehr versehen, so tritt er mit abgenommenem Gewehr in die Stube, schließt die Thür, macht Front,

Korps-Befehl v. 17. October 1884 N° 5226 IIa:

Ich bestimme hiermit, daß Beurlaubungen von Mannschaften nach Oesterreich in Uniform nicht stattzufinden haben. –

Regiments-Befehl vom 10. Decbr. 78. N° 959 IV.

Urlauber haben während der Reise immer den Helm aufzusetzen. Mütze auf dem Kopfe und den Helm in der Hand tragend ist unstatthaft. –

nimmt Gewehr auf und stattet die Meldung ab. Beim Hinausgehen wird das Gewehr an der Stubenthür wieder abgenommen.

6. Betritt ein Vorgesetzter ein Quartier, so stehen die Mannschaften still, bis der Vorgesetzte sie davon entbindet. Der Quartierälteste oder der älteste Soldat meldet, mit wie viel Mann die Stube belegt ist, und giebt auf Befragen Auskunft.

5. Führung in und außer dem Dienste.

1. Im Dienste sei der Soldat pünktlich und zeige die größte Aufmerksamkeit und den regsten Eifer. Außerdienstlich soll derselbe ein gesitteles, ordentliches Leben führen.

2. Auf der Straße und an öffentlichen Orten muß der Soldat stets reinlich und vorschriftsmäßig gekleidet sein und sich gesetzt und anständig betragen. Gegen Mitglieder anderer Stände zeige er sich bescheiden und zuvorkommend.

3. Der Soldat vermeide, als seiner Würde zuwider, die Gesellschaft schlecht gesinnter Menschen. Er dulde nicht, daß man in seiner Gegenwart der Ehre des Soldatenstandes oder einzelner Mitglieder desselben zu nahe tritt, gehe sonst aber jedem Zank und Streit mit Civilpersonen aus dem Wege und suche auch Kameraden davon abzuhalten.

4. Der Soldat sei stets wahrheitsliebend.

5. Ein sittliches Benehmen und militairischer Anstand außer Dienst werden dem Soldaten zur Empfehlung gereichen. Durch ungebührliches Betragen schadet er dem guten Rufe seines Standes und Truppentheils.

6. Urlaub.

1. Der Soldat, welchem der erbetene Urlaub bewilligt ist, meldet sich bei dem Kompagnie-Chef, dem Feldwebel, dem Kammerunteroffizier, dem Fourier und dem Korporalschaftsführer mit den Worten, z. B.

„Auf 8 Tage nach Neudamm beurlaubt."

Bei der Rückkehr: „Vom Urlaub zurück."

Alle Sachen, welche er nicht mitnimmt, giebt er an den Kammerunteroffizier ab. Kurz vor dem Urlaubsantritt wird ihm der Urlaubs-Paß eingehändigt.

2. Der beurlaubte Soldat muß sich überall anständig betragen, auch muß sein Anzug stets vorschriftsmäßig und sauber sein. Vor jeder Stadt ist derselbe in Ordnung zu bringen.

cfr. Kriegs-Minist. v. 28/11 83. No 1587/11 83 A. 1.

3. ~~Begegnet der Beurlaubte unterwegs einem Offizier, so geht er an denselben heran und meldet in dienstlicher Haltung,~~ z. B.

„Beurlaubt von Küstrin nach Neudamm."

~~Reitet der Vorgesetzte jedoch schnell vorüber oder sitzt er im Wagen, so wird nicht gemeldet.~~

4. Nach seiner Ankunft im Urlaubsorte meldet sich der Soldat mit dem Urlaubs-Paß beim Kommandanten oder Garnison-Aeltesten; wenn keine Garnison daselbst steht, bei der Ortsbehörde. Beim Abgange findet dieselbe Meldung statt.

5. Erkrankt ein beurlaubter Soldat, so meldet er dies dem Kommandanten oder der Ortsbehörde, er wird dann in das nächste Militair-Lazareth aufgenommen. Sollte die Aufnahme in ein Lazareth nicht möglich sein, so ist dies dem Kompagnie-Chef unter Beifügung eines ärztlichen Attestes zu melden.

6. Wer wegen dringender Verhältnisse einen Nachurlaub wünscht, muß sich unter Beifügung eines Attestes der Ortsbehörde so frühzeitig an seinen Kompagnie-Chef wenden, daß er, falls der Nachurlaub nicht bewilligt wird, noch rechtzeitig in der Garnison eintreffen kann.

7. Kommando.

1. Der Soldat meldet sich beim Antritt eines Kommandos, bei der Rückkehr in die Garnison und, sobald er unterwegs einem Offizier begegnet, in derselben Weise, wie auf Urlaub.

2. Bei der Ankunft am Bestimmungsorte hat sich der kommandirte Soldat bei der Behörde, an welche er vom Truppentheil gewiesen ist, zu melden. An diese muß er sich auch bei einer Erkrankung wenden. Bei seinem Abgange erbittet sich der Soldat eine Bescheinigung über den erfüllten Auftrag.

3. In Bezug auf die äußere Haltung und den Anzug hat der Soldat auf Kommando dasselbe zu beachten, wie auf Urlaub.

8. Erkrankung.

1. Wer sich krank fühlt, meldet sich beim Korporalschaftsführer und dann beim Feldwebel, der ihn zum Arzt schickt. Dieser entscheidet, ob der Kranke im Revier bleiben kann oder in das Lazareth aufgenommen werden muß.

2. Die Verheimlichung einer ansteckenden Krankheit wird bestraft.

3. Im Lazareth sind die Vorschriften genau zu befolgen.

K. O. V. vom 27. April 1882.

Die in der letzten Dekade des Februar bis über das Ende des Monats hinaus ohne Löhnung beurlaubten Mannschaften haben für den ideellen 9. und 10. Tag der bezeichneten Dekade auf Löhnung keinen Anspruch. –

Meldung beurlaubter Soldaten.

Berlin, den 28. November 1883.

Mit Allerhöchster Genehmigung wird bestimmt: Beurlaubte Soldaten haben sich während der Reise nur dann bei Offizieren zu melden, wenn sie letzteren auf der Landstraße begegnen; auch haben dieselben am Urlaubsorte nur beim Kommandanten bezw. Garnison-Ältesten – an Orten ohne Garnison bei der Ortsbehörde – Meldungen zu erstatten.

Kriegs-Ministerium.

No 158/11. 83. gez. Bronsart von Schellendorf

A. 1.

Anmerkung.

Der Urlaubspass gilt gleichzeitig als Urlaubskarte bis zum Werden.

Garnisonbef. 5te vom 23. Juni 1883 No 3199 II:

Ein in hiesiger Garnison kürzlich vorgekommener Fall giebt mir Veranlassung daran zu erinnern, daß es den Mannschaften vom Feldwebel abwärts nicht gestattet.

Behandlung von Civilärzten zuzuwenden. Ich lege Gewicht darauf, daß die Bestimmung, nach welcher die Behandlung kranker Soldaten lediglich Sache der Militärärzte ist, allen Mannschaften von Neuem eingeschärft wird und Zuwiderhandlungen dagegen geahndet werden, damit das dienstliche Interesse überall gewahrt, die erforderliche Kontrole geübt und etwaiger Verschleppung vorhandener Krankheitsstoffe vorgebeugt wird.

Nur in ganz besonderen Ausnahmefällen kann ein Truppen-Commandeur in die Lage kommen, eine Abweichung von dieser allgemeinen Regel zuzulassen.

Der kommandirende General.

gez. von Stiehle.

4. Wer einen Kameraden im Lazareth besuchen will, muß die Erlaubniß des wachthabenden Arztes einholen.

5. Wird der Soldat aus dem Lazareth entlassen, so meldet er sich bei seinem Korporalschaftsführer, dem Fourier, dem Kammerunteroffizier, dem Feldwebel und dem Kompagnie-Chef mit den Worten: „Aus dem Lazareth entlassen."

9. Verhalten des Soldaten bei Beschwerden und Gesuchen.

Beschwerden. 1. Glaubt der Soldat Grund zu einer Klage über einen Vorgesetzten zu haben, so steht ihm das Recht der Beschwerde zu.

2. Beschwerden dürfen nicht früher, als am nächsten Morgen und nicht später als 3 Tage nach dem Vorfall eingeleitet werden, welcher zur Beschwerde Veranlassung gegeben hat.

3. Bezeichnung des Beschwerdeweges. — Der Soldat, welcher sich beschweren will, meldet dies mündlich seinem Feldwebel.

Geht die Beschwerde wider den Feldwebel, so wendet sich der Soldat an den Kompagnie-Chef.

Haben Mehrere aus gleicher Veranlassung Beschwerde zu führen, so dürfen höchstens zwei von ihnen die gemeinsame Klage anbringen.

4. Entscheidung der Beschwerde. Der entscheidende Vorgesetzte hört persönlich Beschwerdeführer und Verklagten. Jeder begründet befundenen Beschwerde wird abgeholfen werden. Unbegründete Beschwerden werden zurückgewiesen und erforderlichenfalls bestraft.

Befriedigt die Entscheidung des Vorgesetzten den Kläger nicht, so kann dieser die Beschwerde innerhalb dreier Tage weiterführen. Die Wiederaufnahme einer zurückgewiesenen Beschwerde erschwert das Vergehen des Beschwerdeführers.

5. Die Abweichung von dem vorgeschriebenen Beschwerdewege wird gerichtlich bestraft.

Gesuche. 1. Alle Gesuche des Soldaten sind nach vorhergegangener Meldung an den Korporalschaftsführer bei dem Feldwebel anzubringen, welcher dieselben dem Kompagnie-Chef vorträgt.

2. Will sich der Soldat an höhere Vorgesetzte wenden, so bedarf er hierzu der Genehmigung des Kompagnie-Chefs. Ebenso ist dessen Erlaubniß erforderlich, wenn der Soldat ein Gesuch oder eine Beschwerde u. dergl. an ein Gericht oder eine Civilbehörde richten will.

10. Der Soldat als Ordonnanz.

1. Die als Ordonnanzen zu Vorgesetzten oder in Büreaus kommandirten Soldaten müssen während der Dauer des Dienstes fortwährend zu Aufträgen bereit sein und diese pünktlich ausrichten.

2. Sie dürfen die ihnen zur Bestellung übergebenen Papiere nicht lesen, noch Anderen Einsicht in dieselben gestatten.

3. Soll eine Ordonnanz einen Vorgesetzten begleiten, so folgt sie ihm in einiger Entfernung, auch trägt sie auf seinen Befehl Dienstpapiere, Mantel (mit dem Tuch nach außen) und andere Sachen.

4. Eine vom Vorgesetzten entlassene Ordonnanz muß sich bei Feuerlärm und Generalmarsch sofort in dessen Wohnung begeben.

5. Anzug der Ordonnanzen: Waffenrock, Helm und Seitengewehr. Bei schlechtem Wetter hängen sie den Mantel um.

11. Der Soldat als Richter und Zeuge.

1. **Der als Beisitzer zu einem Stand- oder Kriegsgericht kommandirte Soldat** ist berufen, über das Vergehen eines anderen Soldaten zu richten.

Sobald das Richterpersonal versammelt ist, liest der Auditeur oder untersuchungsführende Offizier die Acten vor, welche alle Umstände des Vergehens enthalten. Hierauf hält er einen kurzen Vortrag über den Hergang der Sache und schlägt demnächst die nach seinem Dafürhalten angemessene Strafe vor. Der Verhandlung muß jeder Beisitzer mit Aufmerksamkeit folgen, um das Vergehen richtig beurtheilen und die Strafe dafür bemessen zu können.

Die Berathung erfolgt klassenweise. Demnächst giebt Jeder sein Urtheil nach Pflicht und Gewissen ab. Der Richter ist nicht unbedingt an den gestellten Antrag gebunden, doch muß er die Strafe innerhalb der gesetzlichen Grenzen abmessen. Er darf daher weder gelinder noch strenger urtheilen, als das Gesetz es vorschreibt.

Die Verhandlung muß bis zur Bekanntmachung des Erkenntnisses geheim gehalten werden.

Anzug: Ordonnanzanzug.

2. **Der Soldat als Zeuge** in einem Verhör hat die Verpflichtung, die strengste Wahrheit auszusagen und Nichts zu verschweigen, was zur Aufklärung der Thatsache beiträgt. Seine Aussagen muß er beschwören können.

Anzug: Ordonnanzanzug.

Divisions-Befehl v. 4. Dezember 1887. Nr.

Mehrere Spezialfälle bei gerichtlichen
chungen der jüngsten Zeit veranlass
hierdurch anzuordnen, daß künft
1. sowohl die Zeugen, soweit sie d
den oder Gemeinen angehören, wie
Beschuldigte, zu verhören u. u.
vorzuführen sind. Die vorführend
Offiziere u. u. haben darauf zu
daß jede Annäherung der Angek
an die Zeugen und jede Unterhal
Zeugen untereinander streng ve
wird. Es hat sich dies zur Verhüt
Erschwerung der Untersuchung u
Verhütung von Meineidsverbrechen
Veranlassung hierzu unbedingt
gezeigt.
2. bei Einreichung der Spruchberich
die standgerichtlichen Vorbestrafun
wenn solche vorkommen, sofort an
zuzeigen sind.

gez. von Alvensleben.

General-Kdo v. 12. Januar 1880 No 119 I.

p. p.

Die Allerh. Kabinets-Ordre v. 8. März 1827 ermächtigt die Regiments-Commandeure den Unteroffizieren und Soldaten, „in einzelnen Fällen“ zu gestatten, „außer Dienst“ in Civil-Kleidern zu gehen.

p. p.

General-Kdo v. 21. Juni 1880. No 2577 I

Ich habe bemerkt, daß mehrfach Mannschaften der Garnison in belebten Stadttheilen im Drillich-Anzuge mit umgeschnalltem Seitengewehr einhergingen.

Der Drillich-Anzug hat nur die Bestimmung eines Haus- und Arbeits-Anzuges.

Müssen einzelne zum Arbeitsdienste p. p. kommandirte Mannschaften die Stadt passiren, so legen sie den Waffenrock an und tragen die Drillichjacke in der Hand.

Ich ersuche die Herren Truppen-Commandeure ihre volle Aufmerksamkeit dem Anzuge und der Haltung der Leute auf der Straße zuzuwenden.

Der kommandirende General.
gez: von Pape.

12. Anzug.

1. In und außer dem Dienste muß der Soldat stets reinlich und ordentlich angezogen sein.

2. Außer Dienst darf der Soldat mit Genehmigung des Kompagnie-Chefs eigene Sachen von feinerem Stoff, aber ganz vorschriftsmäßigem Schnitt tragen.

3. Willkürliche Abänderungen an Kleidungsgegenständen sind streng verboten. Auch darf sich kein Soldat eigenmächtig eines anderen, als des ihm zugewiesenen Stückes bedienen oder ein ihm übergebenes Stück einem Anderen zum Gebrauch überlassen.

4. Im Quartier und besonders beim Putzen, sowie zum Arbeitsdienst dürfen nur die ältesten Stücke getragen werden.

5. Kleine schadhafte Stellen hat der Soldat sofort selbst auszubessern. Größere Reparaturen müssen durch die betreffenden Handwerker besorgt werden.

13. Reinigung der Sachen und des Körpers.

1. Alle Bekleidungs- und Ausrüstungsstücke sind nach dem Gebrauch sogleich gehörig zu reinigen. Das Reinigen und Putzen der Sachen — worin der Rekrut gleich nach seiner Einstellung in die Kompagnie die nöthige Unterweisung erhält — muß genau nach den im Truppentheil geltenden Vorschriften geschehen.

2. Reinlichkeit des Körpers ist ein Haupterforderniß zur Erhaltung der Gesundheit. Es ist nothwendig, daß sich der Soldat jeden Morgen nach dem Aufstehen gehörig wäscht, den Mund ausspült, das Haar kämmt und ordnet. Auch nach jedem Dienst, wobei er voll Staub geworden ist, muß er sich waschen, jedoch erst nach völliger Abkühlung. Der Soldat hat sich nach Erforderniß zu rasiren, mindestens allwöchentlich einmal die Wäsche zu wechseln und die Füße zu reinigen.

V. Wohnungsverhältnisse.

---

1. Kasernenordnung.

Der Quartier-Aelteste. 1. Er ist für Ruhe, Ordnung und Reinlichkeit in seiner Stube verantwortlich und der Vorgesetzte der einquartierten Soldaten.

2. Wenn ein Offizier die Stube betritt, so meldet ihm der Quartier-Aelteste, mit wie viel Mann die Stube belegt ist.

3. Bei Abwesenheit des Quartier=Aeltesten vertritt denselben ein anderer Mann nach der vom Kompagnie=Chef bestimmten Reihenfolge.

Der Stuben du jour. 1. In jeder Stube ist täglich ein Mann du jour. Derselbe hat für die Ordnung und Reinlichkeit in der Stube zu sorgen, einzuheizen, das nöthige Wasser zu holen, die Stubenlampen in Stand zu halten ꝛc.

Beim Stubenreinigen sind stets die Fenster zu öffnen.

2. Der Stuben du jour darf nicht eher ausgehen, bis er alle ihm obliegenden Geschäfte verrichtet hat.

Vorschriften, nach welchen sich die einquartierten Soldaten zu richten haben. 1. Wenn es der Dienst nicht anders erfordert, wird im Sommer um 6 Uhr, im Winter um 7 Uhr aufgestanden. Zwei Stunden nach dem Aufstehen muß die Stube in Ordnung sein.

2. Ist es dem Soldaten nach einem Dienst gestattet, auf seinem Bette zu ruhen, so muß vorher die Fußbekleidung abgelegt und gleich nach dem Aufstehen die Lagerstätte wieder in Ordnung gebracht werden.

3. Alles Lärmen und unanständige Benehmen in der Stube ist streng verboten.

4. Das Reinigen und Putzen der Sachen muß an den vorgeschriebenen Orten geschehen und ist jeder Gegenstand nach dem Gebrauch sofort wieder dahin zu bringen, wohin er gehört.

5. Die Bekleidungs- und Ausrüstungsstücke sind ordnungsmäßig aufzubewahren.

6. Das Beschädigen und Beschmutzen der Wände, Thüren, Fenster, Tische ꝛc. wird bestraft.

7. Das Ausgießen aus dem Fenster und das Aushängen von Kleidungsstücken ist untersagt.

2. Bürgerquartier.

Hinsichtlich der Ordnung und Reinlichkeit in den Stuben, der Obliegenheiten des Quartier=Aeltesten und des Stuben du jour gelten im Allgemeinen dieselben Vorschriften, wie für Kasernen.

Verpflichtungen des Wirthes. 1. Der Wirth hat zu gewähren:

1) für jeden Mann eine Bettstelle, worin Stroh, Unterbett oder Matratze, Kopfkissen, Bettuch und eine warme Decke mit Ueberzug oder ein Deckbett;
2) für jeden Mann ein Handtuch;
3) für je 4 Mann einen Tisch mit Verschluß;
4) für jede Stube oder Kammer einen Schrank oder eine verdeckte Vorrichtung zum Aufhängen der Kleidungsstücke;
5) für jeden Mann einen Schemel;
6) das nöthige Wasch- und Trinkgefäß;

Ich bestimme, daß den als Stubenälteste fungirenden Gemeinen, gegenüber den Stubengenossen gleichen Ranges, in Bezug auf die Stuben-Ordnung die Befugnisse eines Vorgesetzten zustehen sollen, sofern erster von dem Compagnie-Chef mit Wahrnehmung jener Funktion, entweder dauernd oder auch für den Fall der Abwesenheit des eigentlichen Stubenältesten nur vertretungsweise, ausdrücklich beauftragt worden und dieser Befehl der Stubenmannschaft gehörig bekannt gemacht ist.

Berlin, den 11. Juni 1874.

gez: Wilhelm.

7) Benutzung des Kochfeuers und der Koch-, Eß- und Waschgeräthe des Quartiergebers.

Das Stroh in den Betten ist alle 2 Monate, das Handtuch wöchentlich, die Bettwäsche bei jedesmaligem Quartierwechsel, spätestens allmonatlich zu wechseln.

2. Der Wirth ist nur verpflichtet, das Haus für die Einquartierten bis 10 Uhr Abends offen zu lassen oder zu öffnen. Wer länger ausbleibt, muß sich gütlich mit dem Wirth über den Einlaß einigen.

3. Während des Tages hat der Quartiergeber den Aufenthalt der in einer Schlafkammer Einquartierten in seinem eigenen oder einem anderen Wohnzimmer zu gestatten. Dies muß bis 9 Uhr Abends erleuchtet, im Winter erwärmt sein.

Kann der Soldat sich nicht beim Wirth aufhalten, so steht ihm eine Stube zu, die erwärmt und bis 9 Uhr Abends erleuchtet sein muß.

Etwaige Beschwerden bringt der Quartier-Aelteste, ohne sich mit dem Wirth in Streit einzulassen, beim Korporalschaftsführer an.

VI. Verpflegung, Bekleidung und Ausrüstung.

1. Verpflegung.

Geldverpflegung. Sie besteht aus der Löhnung und dem Verpflegungszuschuß.

1. Die Löhnung beträgt für die Dekade (10 Tage)

für den Gemeinen	3 ℳ 50 Pf.,
für den Gemeinen als Kapitulant	4 ℳ
für den Gefreiten	4 ℳ
für den Gefreiten als Kapitulant	4 ℳ 50 Pf.

2. Die Höhe des Verpflegungszuschusses richtet sich nach den Marktpreisen des Garnisonortes.

Die Löhnung wird für die kommende Dekade, der Verpflegungszuschuß für die abgelaufene Dekade gezahlt. Zum Geld-Appell hat der Soldat das Soldbuch mitzubringen.

Abzüge. 1. Für die Menage sind täglich 13 Pfennige von der Löhnung und der Verpflegungszuschuß zu entrichten.

2. Lazarethkranke bekommen, da sie im Lazareth Verpflegung erhalten, täglich nur 3 Pfennige Löhnung.

3. Arrestanten in Mittel- und strengem Arrest erhalten täglich 15 Pfennige, für die Dauer der Gefängnißstrafe in einem Garnisongefängniß täglich 30 Pfennige.

4. Beurlaubte Soldaten bekommen in der Regel keine Löhnung.

Naturalverpflegung. 1. Alle 4 Tage bekommt der Soldat in der Garnison ein Brod zu 3 Kilogramm oder 6 Pfund. Die tägliche Brodportion beträgt somit 750 Gramm oder $1\frac{1}{2}$ Pfund.

Die tägliche Brodportion für Arrestanten im Mittel- und strengen Arrest beträgt 1000 Gramm oder 2 Pfund.

Lazarethkranke erhalten kein Brod.

2. Auf dem Marsche wird der Soldat in der Regel vom Wirthe verpflegt. Um Beeinträchtigungen, sowie übermäßigen Forderungen vorzubeugen, ist die täglich zu verabreichende Verpflegung festgesetzt auf:

1000 Gramm Brod — 250 Gramm Fleisch (Gewicht des rohen Fleisches) — 120 Gramm Reis oder 300 Gramm Hülsenfrüchte oder 2000 Gramm Kartoffeln — 25 Gramm Salz — 15 Gramm Kaffee (Gewicht in gebrannten Bohnen).

Außer der Kaffeeportion hat der Einquartierte Getränke nicht zu fordern.

Der Soldat hat zur Marschverpflegung 13 Pfennige von seiner Löhnung und den Verpflegungszuschuß beizusteuern. Für den 31. eines Monats wird Nichts abgezogen.

3. Wird der Soldat aus Magazinen verpflegt, so hat er hierfür ebenfalls den Löhnungsantheil von 13 Pf. und den Verpflegungszuschuß zu entrichten.

2. Bekleidung und Ausrüstung.

1. Der Soldat ist für die gute Erhaltung der ihm in Tragung gegebenen Bekleidungs- und Ausrüstungsstücke verantwortlich.

2. Sämmtliche Stücke sind und bleiben auch nach Ablauf der Tragezeit Eigenthum des Truppentheils. Nur die Unteroffiziere und Kapitulanten haben Eigenthumsrecht an den ausgetragenen Klein-Montirungsstücken.

Die Klein-Montirungsstücke sind: Hemden, langschäftige Stiefel, kurzschäftige Stiefel (Schuhe), Sohlen.

3. Bei der Entlassung zur Reserve wird dem Soldaten ein Anzug von ausgetragenen Stücken als Eigenthum zum Marsch in die Heimath mitgegeben.

4. Die gesammten Bekleidungs-Angelegenheiten der Kompagnie besorgt der Kammerunteroffizier.

VII. Die militairischen Strafen.

1. Die **Todesstrafe** durch Erschießen.

2. Die **Zuchthausstrafe**. Hiermit ist Entfernung aus dem Heer verbunden.

3. Die **Freiheitsstrafen**.

1) Gefängniß.

Die Gefängnißstrafe wird, wenn die Dauer der Strafe 6 Wochen übersteigt, in einem *Festungsgefängniß*, bei kürzerer Dauer in einem *Garnison-Gefängniß* verbüßt.

a) *Festungs-Gefängniß*. — Die Militair-Gefangenen tragen Gefangen-Bekleidung und werden angemessen beschäftigt. — Die Strafzeit gilt nicht als Dienstzeit.

b) *Garnison-Gefängniß*. — Diese Strafe wird in einer Zelle für den gelinden Arrest verbüßt. Die Militair-Gefangenen können beschäftigt werden, auf Verlangen muß dies geschehen.

2) Haft.

Die Strafe der *Haft* besteht in einfacher Freiheitsentziehung. Den Bestraften ist das Tabackrauchen, der mäßige Genuß geistiger Getränke, Lesen angemessener Schriften und Beschäftigung mit Schreiben gestattet.

3) Arrest.

Die Arreststrafen bestehen in *Kasernen-*, *Quartier-*, *gelindem*, *mittlerem* und *strengem Arrest*.

Der *gelinde Arrest* wird durch Einzelhaft vollstreckt.

Nach einer Arrestdauer von 14 Tagen darf der Soldat sich täglich eine Stunde unter Aufsicht in freier Luft bewegen. — Die Benutzung von Büchern und Schreibmaterialien ist dem Arrestanten gestattet, der Genuß von Taback und geistigen Getränken demselben jedoch versagt.

Der *mittlere Arrest* wird in Einzelhaft mit harter Lagerstätte bei Wasser und Brod vollstreckt. — Diese Schärfungen kommen am 4., 8., 12. und demnächst an jedem 3. Tage in Fortfall.

Der *strenge Arrest* wird in Einzelhaft in einer dunklen Zelle mit harter Lagerstätte bei Wasser und Brod vollstreckt. — Diese Schärfungen kommen am 4., 8. und demnächst an jedem 3. Tage in Fortfall.

In kalter Jahreszeit ist für die Nacht die Verabreichung wollener Decken zulässig. An dem sogenannten guten Tagen erhält der Arrestant dasselbe Essen, wie im gelinden Arrest, ebenso eine *Matratze* und *Decke*. Auch ist die *Bewegung in freier Luft* für die Dauer einer Stunde gestattet.

4. **Die Ehrenstrafen.** Zu denselben gehören:

a) **Entfernung aus dem Heer.**

b) **Versetzung in die 2. Klasse des Soldatenstandes,** womit der Verlust der Militair-Kokarde verbunden ist.

c) **Verlust der bürgerlichen Ehrenrechte.**

5. **Entfernung von der Gefreiten-Charge.**

6. **Kleinere Disciplinarstrafen.**

Strafexerziren, Strafwachen, Strafdienst in der Kaserne, den Montirungskammern oder auf den Schießständen, Erscheinen zum Rapport oder zum Appell in einem bestimmten Anzuge, Entziehung der freien Verfügung über die Löhnung und Ueberweisung derselben an einen Unteroffizier zur Auszahlung in täglichen Raten bis auf die Dauer von 4 Wochen, Auferlegung der Verpflichtung, zu einer bestimmten Zeit vor dem Zapfenstreich in die Kaserne oder in das Quartier zurückzukehren, bis auf die Dauer von 4 Wochen.

VIII. Das Infanterie-Gewehr M/71.

1. Zweck und Beschreibung der einzelnen Theile.

Die Haupttheile des Gewehrs sind: **Lauf, Entladestock, Schloß** und **Schaft.** Als Stoßwaffe dient das aufzupflanzende **Seitengewehr.**

Außerdem gehören zum Gewehr: die **Garnitur,** die **Zubehörstücke** und die **Reservetheile.**

A. Der Lauf.

Von Stahl.

Er nimmt die Patrone auf und giebt dem durch die Pulverkraft fortgetriebenen Geschoß die Richtung und Bewegungsart.

Innere Beschaffenheit.

Der innere leere Raum heißt die **Seele;** die Umfassung der Seele bilden die **Seelenwände.** Eine durch die Mitte der Seele gedachte gerade Linie nennt man die **Seelenachse.**

Die Seele zerfällt in das **Patronenlager** und den **gezogenen Theil.**

1. Das Patronenlager. — Es besteht aus dem Lager für die metallene Patronenhülse und dem konischen Theile.

a. Das Lager für die metallene Patronenhülse.
Die einzelnen Theile sind:
die Aufbohrung für die Krempe der Patronenhülse nebst dem Einstrich für den Auszieher;
die Bohrungen für den Pulverraum, für die Schweifung und den Geschoßraum der Patronenhülse.

b. Der konische Theil. Er bildet den Uebergang des Patronenlagers zu dem gezogenen Theil des Laufes.

2. Der gezogene Theil. — In die Seelenwände eingeschnitten: 4 Züge, welche sich um die Seelenachse winden. Diese Windung heißt Drall. Das zwischen den Zügen stehen gebliebene Eisen nennt man Felder oder Balken.

Der Durchmesser der Seele — von Feld zu Feld gemessen — heißt Kaliber.

Der Lauf ist von der Mündung bis zum Beginn des konischen Theiles (Geschoßeintritt) kugelgleich, d. h. das Kaliber ist auf dieser ganzen Länge ganz gleich.

Aeußere Gestalt.

Der Lauf ist brünirt und im langen Theil rund, alsdann folgen nach hinten zu ein kurzer Achtkant, der Gewindetheil und das Mundstück, dessen hintere Fläche die Schlußfläche heißt.

Zur Verbindung des Laufes mit dem Schaft und zur ganz sicheren Befestigung des mit der Seitengewehrwarze versehenen Oberringes befindet sich vorn an der unteren Seite des Laufes die Oberringwarze mit dem Muttergewinde für die Oberringschraube.

Vermittelst des Visirs und des Kornes, welche beide zusammen man die Visireinrichtung nennt, richtet man das Gewehr.

Das Visir, welches geschwärzt ist, besteht aus:
1) dem Visirfuß mit dem Standvisir;
2) der kleinen Klappe;
3) der Schieberklappe;
4) den beiden Visirschrauben;
5) der Visirfeder mit Schraube.

1. Der Visirfuß trägt hinten das mit einer Kimme versehene Standvisir, vorn hat er das Lager für die Visir-

Das Infanterie-Gewehr M/71. Das Infanterie-Seitengewehr.

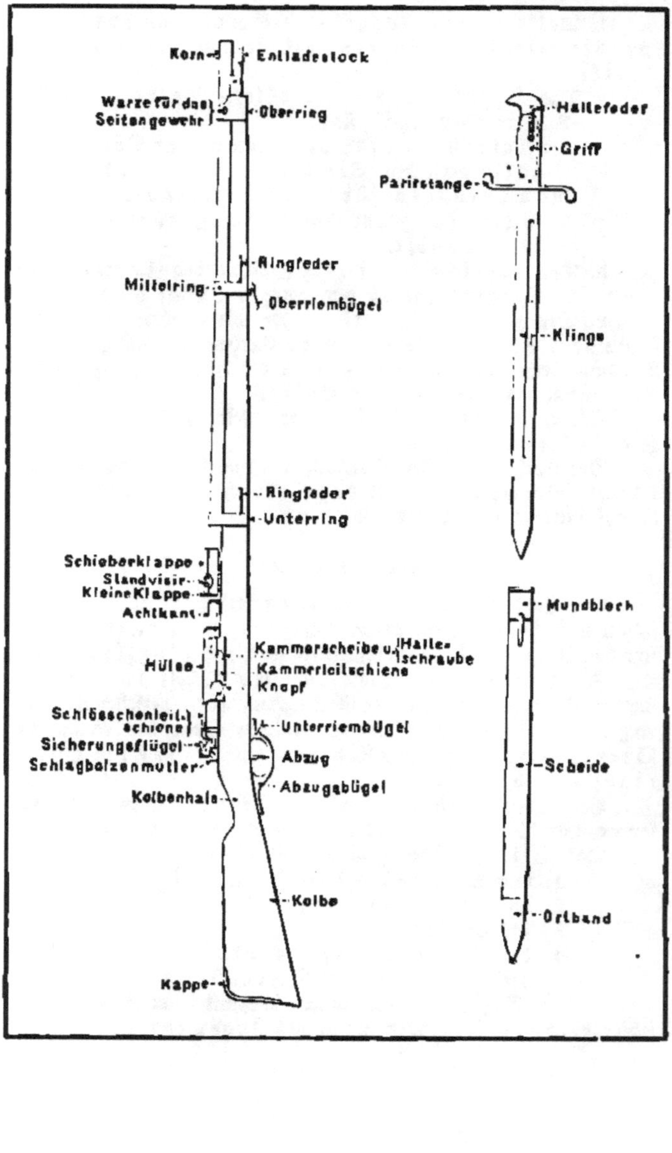

feder und darin das Loch für die Visirfederschraube mit dem Muttergewinde.

2. Die kleine Klappe, mit einer Kimme, ist am Standvisir durch die Visirschraube befestigt.

3. Die Schieberklappe, durch die Visirschraube am Standvisir befestigt, besteht aus dem Gestell mit den beiden Haltestiften und dem Schieber mit der Schleppfeder.

Der Rahmen des Gestells hat Einstriche und Zahlen, welche broncirt sind, um sie für das Auge leichter erkennbar zu machen. Die Eintheilung des linken Schenkels bezieht sich auf die Kimme des Rechtecks im Schieber beim Schießen bis 1050 Meter, die des rechten Schenkels auf die oberste Kimme des Schiebers beim Schießen von 1250 bis 1600 Meter.

In der hinteren Wand des Schiebers: das Rechteck, das Segment und die 3 Kimmen. Die mittlere und obere Kimme, mit den Zahlen 11 und 12 versehen, sind bei heruntergeschobenem Schieber zum Schießen auf 1100 und 1200 Meter bestimmt.

4. Die Visirschrauben bestehen aus Kopf mit Einstrich und Stengel mit Gewindetheil.

5. Die Visirfeder ist von vorn in den schwalbenschwanzartigen Ausschnitt des Visirfußes eingeschoben und durch die Schraube befestigt, für welche sich am vorderen Ende ein Loch befindet.

Unweit der Mündung: das Korn. Es ist geschwärzt, mit dem Kornfuß in den schwalbenschwanzartigen Ausschnitt der Kornwarze eingeschoben.

Die Kornwarze ist auf dem Laufe eingeschoben und verlöthet.

Visir.
(Ansicht von rechts, Schieberklappe aufgerichtet.)

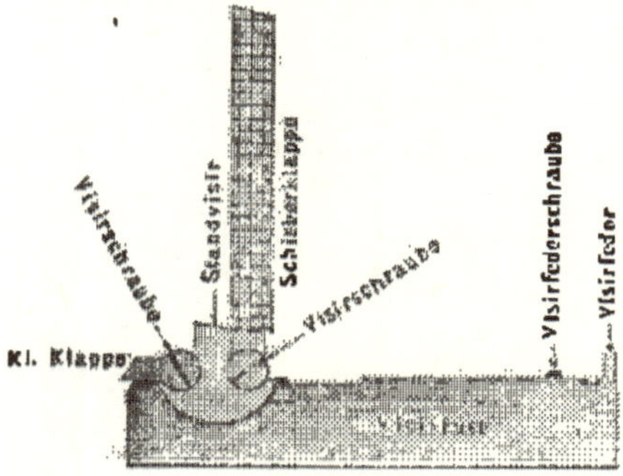

Schieberklappe.
(Schieber aufgezogen.)

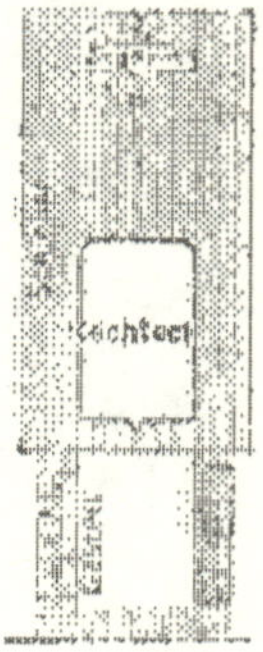

B. Das Infanterie-Seitengewehr.

Es dient als blanke (Stoß-) Waffe und besteht aus:

1) der Klinge nebst Angel;
2) dem ~~Griff~~, Gefäß und
3) der ~~Parirstange~~ Scheide.

1. Die Klinge, von Stahl, ist auf jeder Seite mit einer Hohlkehle versehen und in ihrem vorderen Theile zweischneidig.

2. Der Griff besteht aus dem Bande, dem gerippten Theile und dem Kopf. In letzteren beiden ist die Haltefeder versenkt, durch die Federschraube festgehalten. Die Haltefeder drückt mit ihrem viereckigen Ansatz auf den aus Gußstahl gefertigten Haltestift, welcher aus dem vierkantigen Theile mit dem Haken und dem runden Theile besteht. Der Haltestift hat den Zweck, bei aufgepflanztem Seitengewehr dasselbe, indem die Seitengewehrwarze des Oberringes in den Kasten resp. dessen beide Falzen und der Haken des Haltestiftes hinter die Warze tritt, auf dem Gewehr festzuhalten.

3. Die Parirstange hat eine Bohrung für den Lauf und das Angelloch.

C. Der Entladestock.

Von Stahl.

Zweck: beim Versagen des Ausziehers die Patronenhülse aus dem Laufe zu entfernen und im Nothfall als Wischstock zu dienen. Er ist oben mit einem Wischer und unten mit einem Gewinde versehen, mit welchem er beim an Ort bringen in den Stollen des Abzugsblechs eingeschraubt wird.

Der Wischer hat Reifelungen und einen Einstrich, sowie oben eine Aussenkung zum Aufsetzen des Schlagbolzens beim Auseinandernehmen und Zusammensetzen der Schloßtheile.

D. Das Schloß.

Das Schloß verschließt den Lauf, bewirkt die Entzündung der Patrone und dient zur Entfernung der Hülse der verschossenen Patrone aus dem Lauf. Es besteht aus:

der Hülse — der Abzugsfeder mit dem Abzuge — dem Abzugsfederstollen — der Abzugsfederschraube — dem Verschlußkopf — dem Auszieher — der Kammer mit Scheibe und Schraube — dem Schlößchen — der Sicherung — der Schlagbolzenmutter — der Spiralfeder — dem Schlagbolzen.

Maritsch, den 5. Februar 188

P. T.

Die Compagnien werden daher ersucht, den Mannschaften die sorgfältigste Behandlung der <u>Säbelscheiden</u> einzuschärfen, da das Bataillon von jetzt ab das Schlag-[illegible] der <u>Säbelscheiden</u> bestreiten wird

Nr. 100 IV. gez: Schilling.

Die Hülse.

Von Stahl.

Die Hülse nimmt die Schloßtheile auf, bringt sie in Verbindung mit dem Lauf, vermittelt den Verschluß des Laufes und die Entzündung der Patrone. Sie ist achtkantig, jedoch unten bis auf eine Fläche zum Auflegen für die Abzugsfeder rund. Die einzelnen Theile sind:

der Hülsenkopf mit dem Muttergewinde für den Gewindetheil des Laufes;
die Patroneneinlage;
der Einschnitt für die Kammerleitschiene, in welchem die Vor- und Zurückbewegung der Kammer geleitet wird;
das Widerlager für die Kammerscheibe, welches eine tellerförmige Aussenkung hat, um der in der Leitschiene der Kammer liegenden Scheibe eine Anlehnung und damit der Rückwärtsbewegung der Kammer eine Begrenzung zu geben;
der Kreuztheil mit dem Kreuzschraubenloch;
die Nuthe für den Auszieher;
das Loch für den Abzugsfederstollen;
die mit Muttergewinden versehenen Löcher für die Abzugsfeder- und Verbindungsschraube;
die Kammerbahn heißt der hintere längere Theil der Hülsenbohrung.

Hülse.

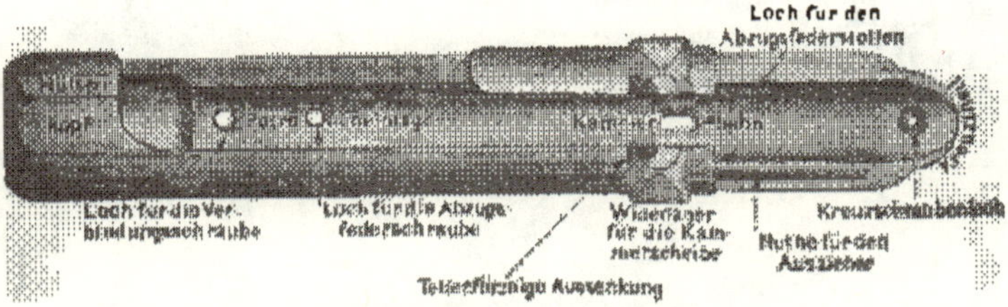

Die Abzugsfeder mit dem Abzuge.

Von Stahl. Von Eisen.

1. Die Abzugsfeder ist mit dem Abzugsfederstollen beim Spannen des Schlosses wesentlich betheiligt und dient zum Abdrücken des Gewehrs. Sie besteht aus:

dem langen Theil mit dem Loch für die Abzugsfederschraube und dem kurzen, gabelförmigen Theil mit dem Abzugsfederstollen. In dem gabelförmigen Theil ist der Abzug vermittelst eines Stiftes befestigt.

2. Vermittelst des Abzuges wird die Feder bewegt. Er besteht aus der Abzugsstange und dem Druckstück mit den 3 Druckpunkten.

Der Abzugsfederstollen.

Von Stahl.

Er sitzt senkrecht zur Abzugsfeder, ist in diese mit einem Zapfen eingeschoben und durch einen Stift befestigt.

Die obere Fläche ist nach vorne abgeschrägt zur Erleichterung des Uebergleitens des Abzugsfederstollens über die steigende Fläche in der Nuthe des Schlößchens. Die hintere Fläche ist an ihrer oberen Seite scharf abgesetzt, um beim Spannen des Schlosses der Schlößchenrast genügende Anlage zu gewähren.

Die Abzugsfederschraube.

Von Eisen.

Sie dient zur Befestigung der Abzugsfeder an der Hülse und besteht aus Stengel mit dem Gewindetheil und dem Kopfe.

Abzugsfeder, Abzug, Abzugsfederstollen und Abzugsfederschraube.

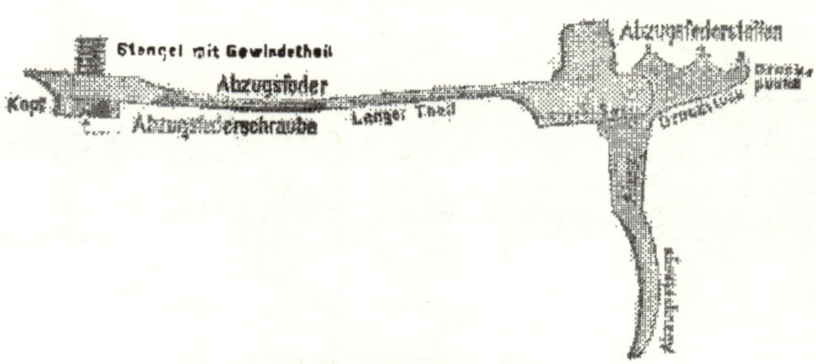

Der Verschlußkopf.

Von Stahl.

Zweck: In Verbindung mit der Patronenhülse, der Kammer und der Hülse den Lauf zu verschließen, dem Auszieher als Träger

zu dienen und den Schlagbolzen in der Richtung der Seelenachse zu leiten. Er besteht aus:

1) dem Spund;
2) der Welle;
3) dem Zapfen.

1. Der Spund tritt beim Schließen des Gewehrs in die Ausbohrung des Laufes für die Krempe der Patronenhülse.

2. Die Welle besteht aus der Schlußfläche, die sich gegen die Schlußfläche des Laufes legt, der Eindrehung, dem Lager für den Auszieherfuß, in welches dieser von hinten eingeschoben wird, und der Nase, welche den Verschlußkopf mit der Kammer verbindet, sobald die Nase durch Drehung der Kammer in die Rast in der unteren Fläche der Kammerleitschiene eintritt.

3. Der Zapfen hat einen den Abmessungen des Blattes des Schlagbolzens entsprechenden Einstrich.

Die Bohrung des Verschlußkopfes ist vorn cylindrisch und derartig verengt, daß der Schlagbolzen in der vorderen Oeffnung (Mündung) genau geführt wird und bei etwaigem Platzen von Hülsen oder Ausdampfen von Zündhütchen nur sehr wenig Gas und Rückstand in das Innere des Schlosses geschleudert werden kann.

Verschlußkopf.

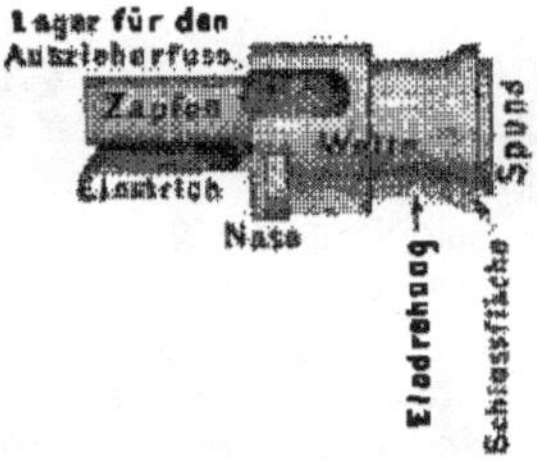

Der Auszieher.

Von Stahl.

Zweck: vermittelst seiner Kralle die nach dem Schuß im Patronenlager zurückbleibende Patronenhülse beim Zurückführen der Kammer zurückzuziehen und jede Drehung des Verschlußkopfes zu verhindern. Die einzelnen Theile sind:

der vordere lange Theil mit der Kralle und dem Fuß; der schwächere hintere Theil, Schleppe genannt, welche hinten mit einer Verstärkung, dem Wulst, auf der Kammer aufliegt.

Auszieher.

Die Kammer mit Scheibe und Schraube.

Von Stahl. Von Stahl. Von Eisen.

1. Durch die Drehung der Kammer wird das Gewehr geöffnet, gespannt und geschlossen. Sie besteht aus dem cylindrischen Haupttheil, der Leitschiene und dem Knopf.

Der Haupttheil besteht aus:

der längeren weiteren Bohrung für die Spiralfeder und der kürzeren engeren Bohrung für den Schlagbolzen, beide getrennt durch einen Absatz, welcher als Auflage für das hintere Ende der Spiralfeder dient;

der Nuthe für den Abzugsfederstollen;

der Ausfräsung für den Ansatz des Schlößchens;

der Rast für die Walze der Sicherung, in welche diese Walze eintritt, sobald der Sicherungsflügel nach rechts gedreht wird.

Die mit dem Haupttheil der Kammer aus demselben Stück gearbeitete Leitschiene zerfällt in:

den Ansatz auf der inneren, ausgerundeten Fläche des über die Kammer vorstehenden Theils der Leitschiene, hinter welchem sich die Rast für die Nase des Verschlußkopfes befindet;

das Lager für die Kammerscheibe und das Loch für die Halteschraube der Kammerscheibe.

Der Knopf zerfällt in den Schaft und die Kugel.

2. Die Kammerscheibe wird von der Halteschraube in ihrem Lager gehalten.

Es ist nicht nothwendig, die Schraube völlig

zu lösen, um die Kammer aus der Hülse zu entfernen, vielmehr genügt ein Lösen auf einige Gewinde.

Kammer mit Scheibe und Schraube.

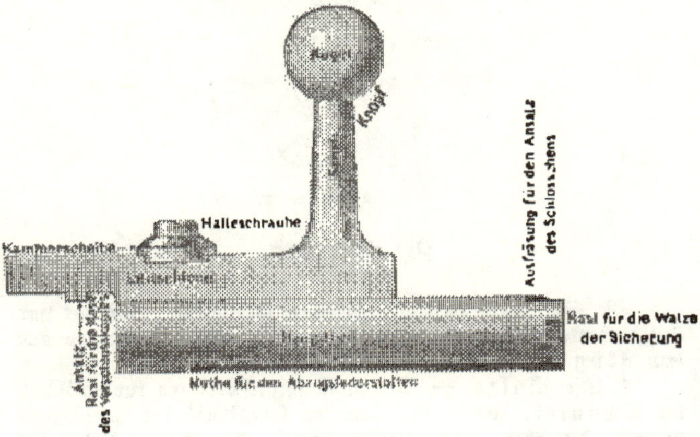

Das Schlößchen.

Von Stahl.

Seine Hauptthätigkeit besteht in der Betheiligung beim Spannen des Schlosses, sowie in der Begrenzung des Vorschnellens des Schlagbolzens. Außerdem nimmt dasselbe die Sicherung auf. Es besteht aus dem cylindrischen Hauptheil und der Leitschiene.

1. Der Hauptheil hat eine Bohrung für den Schlagbolzen. An der linken Seite befindet sich eine Warze mit Stift, welche in die Ausziehernuthe der Hülse tritt und zu deren Sperrung gegen etwa zurückschlagende Pulvergase beim Schuß dient. An der rechten Seite: der Ansatz des Schlößchens, dessen rechte Seitenfläche, die schiefe Fläche, der schiefen Fläche in der Ausfräsung der Kammer entsprechend geformt ist. Auf der unteren Seite: die Nuthe für den Abzugsfederstollen.

2. Die Leitschiene auf der oberen Seite des Haupttheils verhindert durch ihre Anlehnung an die Seitenwände des Hülsen-

einschnittes, daß das Schlößchen der Drehung der Kammer folgt. In der Leitschiene und zugleich in der oberen Wand des Haupttheils des Schlößchens befindet sich die Bohrung für die Sicherung.

Schlößchen.

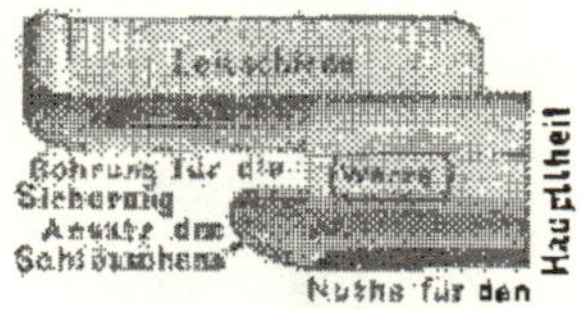

Die Sicherung.

Von Stahl.

Die Sicherung, in das Schlößchen so eingefügt, daß ihr nur eine drehende Bewegung gestattet ist, besteht aus der Walze und dem Flügel.

1. Die Walze. — Sie ist in ihrem vorderen runden Theil, der Schaufel, soweit sie über den Haupttheil des Schlößchens vorsteht, der Länge nach halbirt und in der unteren Fläche des halbirten Theils ausgerundet. Vorn ist die Schaufel in Art einer schiefen Fläche abgeschrägt.

In dem rund gebliebenen Theil der Walze ist eine Vertiefung eingedreht, die Kehle, welche das Lager für den quer durch die Leitschiene des Schlößchens gehenden Haltestift bildet.

Der hintere verstärkte Theil der Walze heißt der Bund; an seiner hinteren Fläche befindet sich die Rippe.

2. Der Flügel. — Damit der Finger beim Drehen des Flügels nicht abgleitet, ist letzterer auf dem äußeren Rande bis zur halben Breite der Seitenflächen mit einer Reifelung (Fischhaut) versehen.

Sicherung.

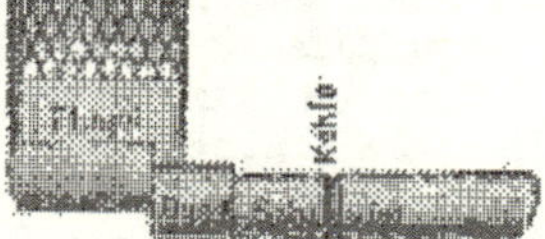

Die Schlagbolzenmutter.

Von Stahl.

Die Schlagbolzenmutter, ein kurzer, mit einer Eindrehung versehener Cylinder, besteht aus:

der Bohrung mit dem Muttergewinde für den Schlagbolzen;

dem Zapfen, welcher in die Abzugsfederstollennuthe des Schlößchens eintritt;

der Nase, welche zur Sperrung der Ausziehernuthe der Hülse gegen etwa zurückschlagende Pulvergase beim Schuß dient.

Schlagbolzenmutter.

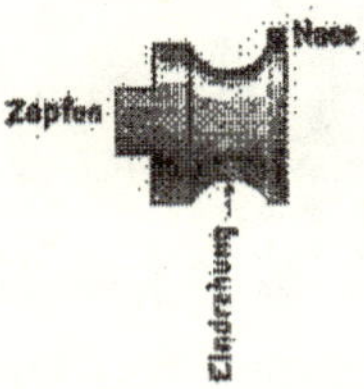

Die Spiralfeder.

Von Stahldraht.

Sie bewirkt das Vorschnellen des Schlagbolzens zur Entzündung der Patrone, hat 27 bis 29 Windungen und darf bei einer Belastung von $10^1/_2$ Kilogramm nicht unter eine Länge von 50 Millimeter zusammengedrückt werden.

Der Schlagbolzen.

Von Stahl.

Er hat den Zweck, durch die Kraft der Spiralfeder getrieben, die Entzündung der Patrone durch einen Stoß gegen das im Boden derselben befindliche Zündhütchen zu bewirken. Die einzelnen Theile sind: die Spitze, das Blatt, der Teller, der lange cylindrische Schaft, mit einer Abflachung, der Fläche, versehen, der Gewindetheil.

Schlagbolzen.

Das Zusammenwirken der Schloßtheile.

1. Das abgedrückte Gewehr.

Es befindet sich die Spitze des Schlagbolzens im Patronenlager auf demjenigen Punkte, auf welchem sie das Zündhütchen der eingeladenen Patrone zur Entzündung gebracht haben würde, der Ansatz des Schlößchens in der Ausfräsung der Kammer, der Abzugsfederstollen in dem hinteren Theil der Nuthe des Schlößchens.

2. Das Oeffnen des Gewehrs.

1. Durch das Drehen der Kammer nach links wird das Schlößchen, welches der Drehung nicht folgen kann, weil die Leitschiene desselben in dem Ausschnitte der Hülse steht, in gerader Richtung zurückgeführt, veranlaßt durch die Wirkung der beiden schiefen Flächen des Schlößchens und der Kammer. Nach vollendeter Drehung ist die Spitze des Ansatzes des Schlößchens auf die hintere Fläche der Kammer getreten, woselbst sie eine Stütze findet.

Mit dem Schlößchen und der mit ihm zusammenhängenden Schlagbolzenmutter geht der Schlagbolzen zurück, das Spannen der Spiralfeder beginnt und tritt der Abzugsfederstollen mit einem hörbaren Knacken in den Zwischenraum zwischen Schlößchen und Kammer ein.

2. Nach beendeter Drehung kann die Kammer so weit zurückgezogen werden, bis die Kammerscheibe ihre Anlehnung in der tellerförmigen Aussenkung des Widerlagers an der Hülse findet.

Beim Zurückführen der Kammer wird die Patronenhülse durch den Auszieher aus dem Laufe in die Patroneneinlage gezogen und aus dieser durch eine Rechtsdrehung des Gewehrs entfernt.

3. Das Schließen des Gewehrs.

1. Nach Einlegung der Patrone in die Patroneneinlage schiebt man die Kammer so weit vor, daß die vordere Fläche der Leitschiene an der hinteren Fläche des Hülsenkopfs angekommen ist. Der Abzugsfederstollen steht jetzt mit seiner hinteren senkrechten Fläche an der Schlößchenrast. Während der Vorführung der Kammer faßt die Kralle des Ausziehers von selbst den Rand der Patrone und wird letztere vorgeschoben.

2. Durch einen weiteren Druck am Knopf nach rechts wird die Kammer nebst Verschlußkopf nach vorne gedrückt, die Patrone völlig in das Patronenlager eingeschoben und das Gewehr geschlossen.

Der mit der Drehung verbundenen Vorwärtsbewegung der Kammer kann das Schlößchen, durch den Abzugsfederstollen festgehalten, nicht folgen und die Spannung der Spiralfeder wird vollendet.

4. Die Sicherheitsstellung des Gewehrs.

1. Sobald der Flügel der Sicherung von links nach rechts gedreht wird, tritt die Walze der Sicherung in die Sicherungsrast der Kammer, wodurch ein Vorgleiten des Schlößchens auch beim Zurückziehen des Abzugsfederstollens unmöglich wird.

Stellung der Schloßtheile beim Oeffnen des Gewehrs.
(Kammer aufgeschnitten.)

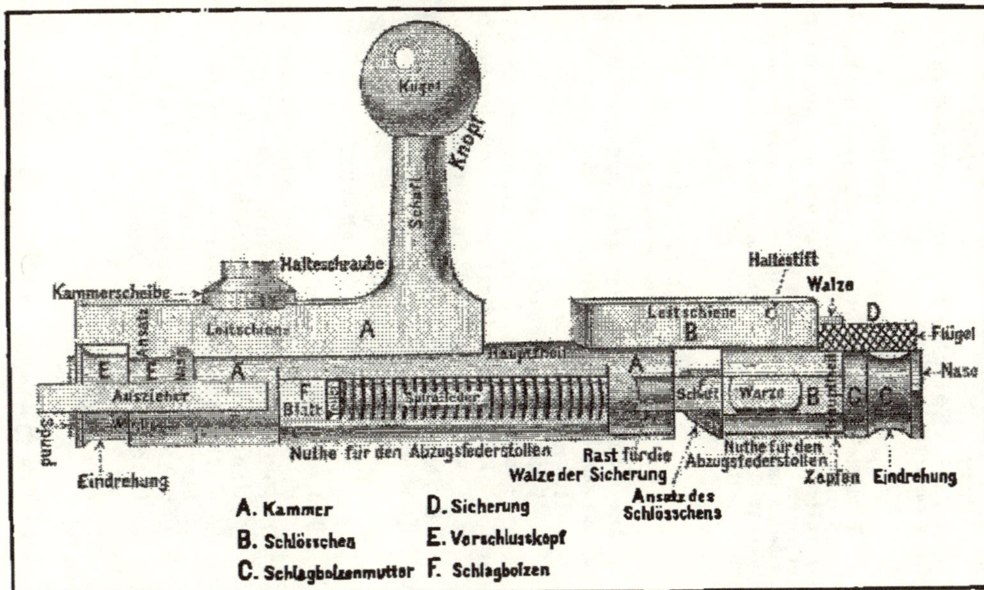

2. Das Entsichern des Gewehrs geschieht durch eine Drehung des Flügels von rechts nach links.

5. Das Abdrücken des Gewehrs.

Durch den Druck des Zeigefingers am Abzuge tritt der Abzugsfederstollen zurück, das Schlößchen wird frei. Die sich ausdehnende Spiralfeder schleudert das Schlößchen und mit diesem den Schlagbolzen vor. Letzterer erhält durch sein Vorschnellen die Kraft, mit seiner Spitze das im Boden der Patrone befindliche Zündhütchen vermittelst eines Stoßes zur Entzündung zu bringen, worauf die Schloßtheile wieder in die unter 1. angegebene Stellung getreten sind.

E. Der Schaft.

Von Nußbaum- oder Ahornholz.

Der Schaft dient zur Aufnahme sämmtlicher Gewehrtheile, sowie zur Handhabung des Gewehrs und besteht aus:

1. der Kolbe;
2. dem Kolbenhals oder Griff;
3. dem langen Theil, welcher in den Hinter- und Vorderschaft zerfällt und die Laufnuthe und die Entladestocknuthe enthält.

Der Theil des Hinterschaftes, in welchen die Hülse eingelassen ist, heißt der Schloßkasten.

F. Die Garnitur.

Man rechnet zur Garnitur:

die 3 Ringe (Oberring mit der Warze für das Seitengewehr, Mittel- und Unterring) — die 2 Ringfedern — die Oberringschraube — die Verbindungsschraube — die Kreuzschraube — das Abzugsblech mit dem Abzugsbügel und den 2 Abzugsbügelschrauben — die Abzugsblechschraube — die Kappe (auch Kolbenblech genannt) mit 2 Kappenschrauben — die 2 Riembügel mit ihren Schrauben.

G. Das Zubehör und die Reservetheile.

Zum Zubehör gehören: der Schraubenzieher — der Mündungsdeckel, der zugleich Kornkappe ist — die Visirkappe — der Gewehrriemen.

Die Reservetheile bestehen aus: 1 Spiralfeder und 1 Auszieher für den Mann.

---

2. Behandlung des Gewehrs.

Die gute Instandhaltung des Gewehrs ist Pflicht und Ehrensache für den Soldaten.

Zu beachten:

1. Lauf und Visireinrichtung sind auf das Sorgfältigste in Acht zu nehmen.
2. Sollte trotz aller Vorsicht das Gewehr umfallen, so muß untersucht werden, ob es Schaden gelitten hat.
3. Beim Ueben der Chargirung ist jede stoßende, heftige Bewegung zu vermeiden.
4. Wird das Gewehr mit der Kolbe auf die Erde gesetzt, so darf es nicht aufgestoßen werden.
5. Sollte beim Anschlage im Liegen trotz aller Vorsicht Erde oder Sand in die Mündung gekommen sein, so ist letztere sorgfältig zu reinigen, weil sonst beim nächsten Schuß der Lauf beschädigt wird, ja sogar gesprengt werden kann. Ebenso ist der etwa zwischen die Schloßtheile eingedrungene Sand — am knirschenden Geräusch bei Handhabung des Schlosses bemerkbar — sorgfältig zu entfernen.
6. Durch einen Mann dürfen nie mehr als 2 Gewehre auf einmal getragen werden und zwar auf jeder Schulter oder unter jedem Arm nur je 1 Gewehr.
7. Der Mündungsdeckel bleibt, wo das Abnehmen desselben nicht besonders vorgeschrieben oder bedingt ist, stets auf dem Gewehr. Andere Schutzmittel, wie Wergpfropfen, Lappen, Talgpfropfen 2c. dürfen nicht benutzt werden.
8. Das zu starke Einschmieren des Gewehrs ist nachtheilig. Ein Fetthauch genügt überall. Nur die Stellen des Schlosses, an welchen Reibung stattfindet, sind etwas stärker einzuschmieren, doch nicht so stark, daß das Fett (Oel) abzufließen vermag.
9. Die gute Erhaltung des Schaftes erfordert ein öfteres Abreiben mit Leinölfirniß.

Auseinandernehmen des Schlosses.

A. Ohne Benutzung der Vorrichtung.

1. Die Kammer wird in die linke Hand gelegt.
2. Die rechte Hand umfaßt das Schlößchen nebst der Schlagbolzenmutter und dreht dasselbe nach links, so daß die schiefen Flächen der Kammer und des Schlößchens auf einander zu liegen kommen.
3. Die Kammer wird sodann in die rechte Hand genommen und der Verschlußkopf nebst Auszieher mit der linken Hand abgehoben.
4. Die Kammer wird wiederum in die linke Hand genommen und mit der Schlagbolzenspitze auf eine feste Unterlage (Tischkante, einen im Gewehr befindlichen Entladestock u. s. w.) gestellt.
5. Durch ein demnächstiges Zurückdrücken des Schlagbolzens wird der in der Nuthe des Schlößchens ruhende Zapfen der Schlagbolzenmutter frei und diese läßt sich abschrauben.
6. Durch das Abnehmen der Schlagbolzenmutter werden das Schlößchen, der Schlagbolzen und die Spiralfeder aus ihrer Verbindung mit der Kammer gelöst.

B. Mit Benutzung der Vorrichtung.

1. Schloß in abgeschossenen Zustand setzen, Verschlußkopf mit Auszieher abnehmen.
2. Vorrichtung auf den Haupttheil der Kammer aufschieben und mittelst derselben den Schlagbolzen so weit zurückdrücken, daß der Querausschnitt der Vorrichtung durch Linksdrehen um die Leitschiene der Kammer herumfaßt.
3. Abschrauben der Schlagbolzenmutter und Abnehmen des Schlößchens.
4. Abnehmen der Vorrichtung, wobei ein geringer Gegendruck auszuüben ist, und Herausnehmen des Schlagbolzens und der Spiralfeder.

Beim Gebrauch der Vorrichtung hält die linke Hand die Kammer am Knopfe fest umfaßt.

Zusammensetzen des Schlosses.

A. Ohne Benutzung der Vorrichtung.

1. Der Soldat nimmt die Kammer in die linke Hand und steckt den Schlagbolzen mit darüber geschobener Spiralfeder vorn hinein.
2. Sobald dies geschehen, wird die Kammer mit der Spitze des Schlagbolzens nach unten auf eine feste Unterlage gedrückt und der Schlagbolzen gedreht, bis die Abflachung desselben mit der Abzugsfederstollennuthe der Kammer genau parallel steht.
3. Nunmehr steckt der Soldat das Schlößchen mit dem nach links festgehaltenen Flügel der Sicherung derart auf den Schlagbolzen, daß die schiefen Flächen sich aufeinander legen.
4. Sodann wird die Schlagbolzenmutter aufgesteckt und unter stetem Zusammendruck der Spiralfeder so lange angeschraubt, wie das Gewinde solches gestattet, und bis das hintere Ende des Gewindetheils des Schlagbolzens ein wenig über die hintere Fläche der Schlagbolzenmutter vorsteht.

5. Unter Aufhebung der Spiralfederspannung wird jetzt der Zapfen der Schlagbolzenmutter in die Abzugsfedermulde des Schlößchens eingeführt.
6. Hierauf wird der Verschlußkopf mit eingeschobenem Auszieher auf die Kammer gesteckt, die schiefen Flächen mit einem Tropfen Oel versehen und durch Rechtsdrehung des Schlößchens die Leitschiene beider Theile in eine Richtung gebracht.

B. Mit Benutzung der Vorrichtung.

1. Schlagbolzen und Spiralfeder in die Bohrung der Kammer einsetzen, Vorrichtung auf den Hauptheil der Kammer aufschieben und mittelst derselben Schlagbolzen so weit zurückdrücken, daß der Querausschnitt der Vorrichtung durch Linksdrehen um die Leitschiene der Kammer herumfaßt.
2. Aufschieben des Schlößchens auf den Schlagbolzen und Herumdrehen desselben, bis die schiefen Flächen des Schlößchens und der Kammer zusammenfallen, Aufschrauben der Schlagbolzenmutter.
3. Abnehmen der Vorrichtung bei Ausübung eines geringen Gegendruckes.
4. Aufsetzen des Verschlußkopfes nebst Auszieher auf den Schlagbolzen.

Beim Gebrauch der Vorrichtung hält die linke Hand die Kammer am Knopfe fest umfaßt.

Reinigen des Gewehrs.

Allgemeine Regeln:

1. Nässe und Schmutz müssen sofort entfernt werden, weil sie Rost erzeugen.
2. Angerostete Stellen werden mit Oel bestrichen und, wenn dasselbe einige Zeit darauf gestanden, mit Lappen oder Werg leise gerieben.
3. Die brünirten, gebläuten und geschwärzten Theile des Gewehrs dürfen nur leicht mit einem Lappen abgetupft werden.
4. Das Poliren sämmtlicher Stahl- (Eisen-) Theile ist auf's Strengste untersagt; dieselben sind nur in einem reinen und rostfreien Zustande zu erhalten.

a. Reinigungsmittel und Geräthschaften.

Der Soldat darf die Reinigung seiner Waffe nur mit Wasser, Oel oder Fett, Werg, Lappen, Wischstock und Holzspahn bewirken.

1. Das Wasser muß rein und besonders von Sand frei sein. Am besten ist heißes Wasser.
2. Oel und Fett müssen frei von Salzen, Säuren, Wassertheilen und Staub sein. Am besten ist Knochenöl oder Klauenfett, auch ungesalzenes Schweinefett. Durch Erwärmung des Oels oder Fettes wird seine auflösende Kraft erhöht.

3. Werg und Lappen dienen zum Aus- und Abwischen. Ersteres darf nicht zu grob sein und keine Knoten enthalten. Zu Wischlappen eignen sich leinene am besten, zum Einschmieren Tuch- oder wollene Lappen. Letztere müssen vor der Anwendung vollständig ausgedrückt werden.
4. Die Wischstöcke müssen gerade, astfrei, von weichem Holz und 9 Millimeter stark sein. Auch spanische Rohre, deren kieselhaltige Haut mit der Holzfeile zu glätten ist, sowie messingene Wischstöcke werden benutzt. Letztere kommen hauptsächlich zur Anwendung.
5. Holzspahn wird zur Entfernung des Schmutzes an denjenigen Stellen, zu welchen man mit dem Lappen nicht gut gelangen kann, verwendet.

b. Reinigung des Gewehrs nach gewöhnlichen Dienstverrichtungen.

1. Es wird meist genügen, wenn das Gewehr erst äußerlich mit einem trockenen und dann mit einem Oellappen abgewischt und der Wischstock ein- oder zweimal durch die Seele des Laufes hindurch gestoßen wird.

2. Wenn das Gewehr naß geworden, so müssen die einzelnen Theile mit mehr Gründlichkeit und Sorgfalt abgewischt und demnächst eingeschmiert werden.

c. Reinigung des Gewehrs nach dem Schießen.

1. Entladestock heraus, Kammer aus der Hülse.

2. Auswaschen des Laufes. — Es geschieht durch 2 Mann. Der eine hält das Gewehr mit der Kolbe nach oben, der andere gießt vermittelst eines Trichters so lange Wasser durch den Lauf, bis dasselbe nicht mehr gefärbt ist. Der Schaft ist hierbei möglichst vor Nässe zu bewahren.

3. Auswischen des Laufes. — Der eine Mann stellt sich breitbeinig und mit zurückgezogenem rechten Fuß hin, nimmt das Gewehr, es mit beiden Händen fest umfassend, unter den rechten Arm und hält es dem anderen Mann, welcher das Auswischen besorgt, in wagerechter Lage, den Lauf nach oben, entgegen.

Das Auswischen geschieht in folgender Weise.

a. Bei Verwendung von Holz- oder Rohrwischstöcken.

Derjenige Mann, welcher den Lauf auswischt, tritt dem anderen, der ihm das Gewehr mit der Kolbe entgegenhält, gegenüber und entfernt zunächst das noch in dem Lauf haftende Wasser, indem er einen oder mehrere leichte Werg-

ballen mit dem verkehrten Ende des Stockes von der Seite des Patronenlagers aus hindurchstößt. Ist dies in genügendem Maße geschehen, so läßt er den Stock in der Lage, in der er sich nach dem letzten Durchstoßen befand, tritt auf die andere Seite der Waffe und zieht ihn von der Mündung aus, der Drehung der Züge nachgebend, heraus. Dieses Verfahren wird so lange wiederholt, bis der Lauf vollständig gereinigt ist.

b. Bei Verwendung der messingenen Wischstöcke.

Derjenige Mann, welcher den Lauf auswischt, führt mit der linken Hand den bis zu dem Wischerende des Stockes vorgeschobenen Führungscylinder in die Hülse der Waffe, während die rechte Hand den Stock in der Verlängerung des Laufes hält; demnächst tritt er gleichfalls mit auseinandergesetzten Füßen und der Stellung halbrechts dem zweiten Mann gegenüber und ergreift das Gewehr mit der etwas vorgestreckten linken Hand in dem Kolbenhalse, während die rechte Hand den mit Werg bewickelten Wischstock durch die Hülsenbohrung und das Patronenlager in den Lauf einführt und denselben im Innern auswischt. Die Wergbewickelung wird so oft erneuert, bis das Werg trocken und rein aus dem Lauf herauskommt.

4. Die weitere Reinigung. — Nach der Reinigung des Laufes wird das Patronenlager mit dem mit Werg bewickelten Wischstock ausgewischt, sodann die Hülse in ihrem Innern gereinigt und schließlich der mit Fett oder Oel getränkte Wischstock durch Lauf und Hülse gezogen.

Nach der Reinigung des Laufes und der Hülse werden Entladestock und Schaft nebst Garnitur äußerlich abgewischt und die Eisen- und Stahltheile vermittelst eines fettigen Lappens mit einem Fetthauch überzogen. Sodann wird der Entladestock an den Ort gebracht und zur Reinigung des Schlosses geschritten.

5. **Die Reinigung des Schlosses.** — Nach Abspannung der Spiralfeder wird der Verschlußkopf entfernt und derselbe mit einem mit Oel getränkten Lappen äußerlich gereinigt. Ebenso wird der schon vorher entfernte Auszieher gereinigt und hierauf die Bohrung für den Schlagbolzen, der Einstrich für das Blatt desselben und das Lager für den Auszieherfuß von etwaigem Schmutz durch ein festes, wergumwickeltes Hölzchen gereinigt.

Die weitere Reinigung des Schlosses beschränkt sich auf das Abwischen der Schlagbolzenspitze, äußerliches Abwischen sämmtlicher Theile, Ansätze, Nuthen u. s. w., sowie Einölen der schiefen Flächen der Kammer und des Schlößchens, der Nuthen des letzteren und des Schraubengewindes der Halteschraube der Kammerscheibe, wobei diese Schraube indessen nicht mehr zu lösen ist, als zum Herausnehmen der Kammer nöthig.

Ein vollständiges Auseinandernehmen der inneren Schloßtheile ist erst dann nothwendig, wenn die Waffe längere Zeit unthätig gestanden oder nassem Wetter ausgesetzt gewesen ist. Während der Dauer der gewöhnlichen Schießübungen genügt eine alle 2 bis 3 Wochen stattfindende Reinigung sämmtlicher übrigen Theile des Schlosses.

Es sind hierzu die Gewinde der Spiralfeder mit Werg auszudrehen, ebenso die Bohrung der Kammer durch ein passendes, mit Werg umwickeltes Hölzchen oder das Ende des Wischstockes zu reinigen, demnächst alle Theile abzuwischen und mit einem Fetthauch zu versehen, und vor dem Zusammensetzen die schiefen Flächen an Kammer und Schlößchen, das Gewinde, der Schaft und die Spitze des Schlagbolzens, die Spiralfeder, sowie die Sicherungswalze etwas einzuölen.

d. Reinigung des Seitengewehrs.

Es werden mit einem ölgetränkten wollenen Lappen — nach vorhergegangener Reinigung der Klinge — Griff, Parirstange und Klinge leicht abgewischt und mit einem kleinen Holzspahn der Kasten für die Seitengewehrwarze und der Haken des Haltestiftes von Staub und Schmutz befreit, demnächst etwas eingefettet.

IX. Die Munition zum Infanterie-Gewehr M/71.

Arten der Munition.

Die Munition für das Gewehr M/71 zerfällt in scharfe, Platz- und Exerzir-Patronen.

Die Hülsen sämmtlicher Patronen sind von Messing und gestatten daher eine mehrmalige Wiederverwendung nach erfolgtem Gebrauch.

1. Die scharfe Patrone.

Bestandtheile: die Patronenhülse mit eingesetztem Zündhütchen — die Pulverladung — der Wachspfropfen zwischen 2 Kartonplättchen — das Geschoß mit Papierumwickelung — die Geschoßfettung.

1. Die **Patronenhülse** hat eine flaschenförmige Gestalt und besteht aus dem Hülsenmantel und dem Hülsenboden.

a. Der Hülsenmantel. Derselbe zerfällt in 3 Theile:
der Pulverraum,
die Schweifung,
der Geschoßraum.

b. Der Hülsenboden mit dem Rande der Patronenhülse. Die vordere Fläche des Randes heißt Auszieherfläche. — In der Mitte des Hülsenbodens befindet sich zur Aufnahme des Zündhütchens eine Vertiefung, die Zündglocke. Als Widerlager dient dem Zündhütchen, wenn es durch den Schlagbolzen getroffen wird, der Ambos, eine kegelförmige Erhöhung mit abgerundeter Spitze. — Den Durchgang des Zündstrahls zur Pulverladung vermitteln die Zündlöcher auf dem Grunde der Zündglocke.

2. Das **Zündhütchen** ist eine kleine messingene Kapsel mit flachem Boden, in welcher sich flach eingepreßter Zündsatz befindet.

3. Die **Pulverladung** beträgt 5 Gramm.

4. Der **Wachspfropfen und die 2 Kartonplättchen** trennen Pulver und Geschoß und dienen zur Reinigung des Rohres.

5. Das **Geschoß**, aus Bleidraht gepreßt, ungefähr 25 Gramm schwer, ist hinten cylindrisch, vorn eiförmig und hat am Boden eine kleine Höhlung zur Aufnahme der Würgung der Papierumwickelung. Um die Verbleiung des Rohres zu vermindern, ist das Geschoß in seinem hinteren längeren Theile mit einer doppelten Papierumwickelung versehen.

6. Die **Geschoßfettung** besteht aus 5 Theilen Hammeltalges und 1 Theil gelben Wachses. Die Patrone lagert ungefettet und wird erst kurz vor dem Gebrauch gefettet.

Eine durchgeschnittene scharfe Patrone.

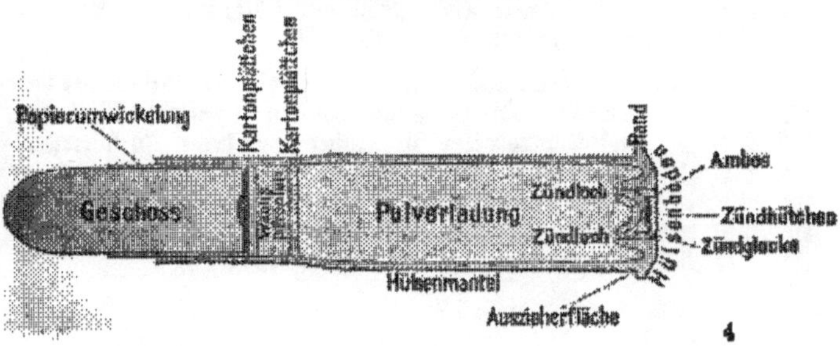

2. Die Platz-Patrone.

Sie besteht aus: der Patronenhülse mit eingesetztem Zündhütchen — der Pulverladung — den Deckpfröpfen.

1. Die **Patronenhülse** mit eingesetztem Zündhütchen ist dieselbe, wie für die scharfen Patronen. Die Hülsen haben zur Unterscheidung von denen für scharfe Patronen in einiger Entfernung vom Boden eine ringförmige Würgung, Kannelirung, und ist die Bodenfläche roth lackirt.

2. Die **Pulverladung** beträgt $3\frac{1}{2}$ Gramm.

3. Die **Deckpfröpfe** aus Fließpapier — deren oberer der Schlußpfropfen heißt — füllen den vom Pulver übrig gelassenen leeren Raum der Hülse aus.

3. Die Exerzir-Patrone.

Sie besteht aus: der Patronenhülse — dem eisernen Puffer — dem Gummi-Cylinder — dem Holzfutter.

1. Die **Patronenhülse** besteht aus einer Patronenhülse M/71 mit herausgeschlagener Zündglocke und einer Kannelirung nach Art der Platzpatronenhülse.

2. Der **Puffer** dient, in Verbindung mit dem Gummi-Cylinder, zum Auffangen des Schlages des Schlagbolzens. Hinten: der Zapfen für die Zündglocke und der Teller, mit welchem sich der Puffer gegen die innere Bodenfläche der Hülse anlegt. Vorne: der Wulst, welcher in den Hals übergeht.

3. Der **Gummi-Cylinder** ist ein Hohlcylinder mit 2 verschiedenen inneren Weiten und hat den Zweck, die Wirkung des Schlages vom Schlagbolzen zu brechen und beim Zurücktreten der Schlagbolzenspitze den Puffer in seine frühere Lage zu drücken. Er nimmt in der hinteren engeren Durchlochung den Halstheil des Puffers und in der vorderen weiteren den Wulsttheil des Puffers und den Zapfen des Holzfutters auf.

4. Das **Holzfutter** füllt den übrigen Raum der Patronenhülse möglichst aus, hat hinten einen der vorderen Bohrung des Gummi-Cylinders entsprechenden Zapfen und ist an seinem vorderen aus der Hülse hervorstehenden Ende dem wirklichen Geschosse nachgeformt. Das Holzfutter ist mit der Patronenhülse durch einen Messingniet fest verbunden.

4. Reinigung der Patronenhülsen.

Vorläufige Reinigung.

(Erfolgt womöglich unmittelbar nach dem Schießen.)

1. Zuerst wird das an den Hülsen haftende Fett durch Abreiben mit Werg, alten Lappen oder Sägespähnen so viel als möglich beseitigt.

2. Demnächst werden vermittelst des Wasserdruck-Apparats die Zündhütchen aus den Hülsen entfernt und hierauf die letzteren in Wasser geworfen und darin tüchtig mit den Händen umgerührt, um die Lösung des Pulverschleimes zu bewerkstelligen. Das Innere der Hülsen wird durch mit Werg umwickelte Stöckchen ausgewischt, die Zündglocke mit passend zugespitzten Hölzchen aus weichem Holze gereinigt und das Aeußere der Hülsen mit Werg abgerieben.

Das sich bei dieser Arbeit schmutzig färbende Wasser ist häufig durch reines zu ersetzen.

3. Schließlich werden die Hülsen innerhalb und außerhalb mit Werg ꝛc. gut abgetrocknet und nun in diesem Zustande nach der Garnison gebracht, wo sofort wieder ein Einlegen der Hülsen in reines Wasser, in welchem sie bis zur Schlußreinigung verbleiben, erfolgt.

Schlußreinigung.

(Erfolgt womöglich innerhalb der ersten 24 Stunden.)

1. Die noch nassen Hülsen werden mittelst der Bürsten leicht aus- und abgebürstet und dann mit Lappen, Werg und Holzstäbchen gut getrocknet und abgerieben.

2. Darauf werden die Hülsen mit erwärmten Sägespähnen untermischt und mit diesen tüchtig abgerieben.

3. Demnächst siebt man die Spähne mit einem Holzsieb ab und entfernt zum Schluß mittelst der trockenen Bürsten die etwa in den Ecken festgeklemmten Sägespähne.

4. Die Hülsen sollen nur rein sein von Fett und Pulverschleim, nicht aber blank geputzt werden. Die Anwendung von Sand oder Putzkalk ist daher verboten.

X. Das Schießen.

1. Seelenachse. — Visirlinie. — Visirwinkel.

1. **Seelenachse** nennt man die durch die Mitte der Seele gedachte gerade Linie.

2. **Visirlinie** heißt die von der Mitte der Kimme des Visirs nach der Kornspitze gedachte Linie. Indem man diese mit dem Auge auf einen bestimmten Punkt einrichtet, z i e l t man.

3. **Visirwinkel** ist der Winkel, unter welchem sich Visirlinie und Seelenachse schneiden.

Je höher das Visir, desto größer ist der Visirwinkel.

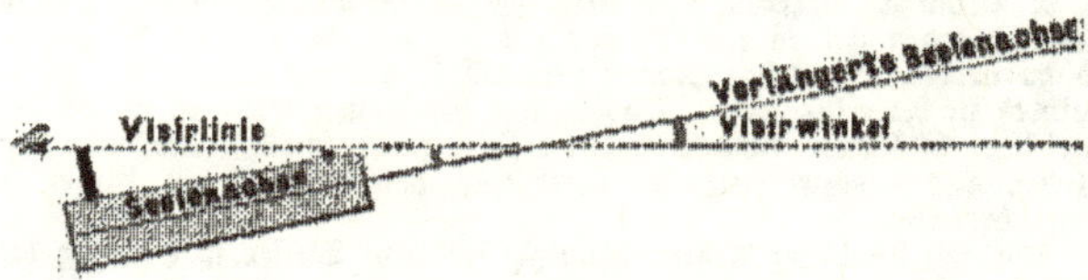

2. Geschoßbahn.

1. **Geschoßbahn** ist der Weg, welchen das Geschoß von seinem Austritt aus der Mündung bis zum Einschlagen zurücklegt.

2. Die bei der Verbrennung des Pulvers entwickelten Gase treiben das Geschoß in die Züge und zwingen es, den Windungen derselben zu folgen. Das Geschoß erhält hierdurch eine bohrende Bewegung, welche es nach dem Verlassen des Laufes bis an das Ziel beibehält.

3. Das Geschoß erhebt sich bis zu einem gewissen Punkte über die Visirlinie, dann senkt es sich und trifft zum zweiten Male die Visirlinie. Der höchste Punkt in der Geschoßbahn heißt S c h e i t e l p u n k t, den ersteren Theil der Geschoßbahn bis zum Scheitelpunkt nennt man a u f s t e i g e n d e n A s t, den anderen, welcher der kürzere ist, a b s t e i g e n d e n A s t.

4. Der Luftwiderstand und die eigene Schwere veranlassen das Niederfallen des Geschosses auf den Erdboden.

5. Die Entfernung, auf welcher Geschoßbahn und Visirlinie sich zum zweiten Male schneiden, wo also Haltepunkt und Treffpunkt zusammenfallen, nennt man die V i s i r s c h u ß w e i t e und den betreffenden Schuß d e n V i s i r s c h u ß.

6. Derjenige Raum, innerhalb dessen sich das Geschoß nur in solcher Höhe über den Boden erhebt, daß es den Gegner treffen kann, wird der bestrichene Raum genannt. Je größer die Entfernung, desto kleiner ist der bestrichene Raum.

3. Die 3 Arten von Korn.

Man unterscheidet 3 Arten von Korn:

1. **Gestrichen Korn,** wenn man die Kornspitze mit dem oberen Rande des Visirs in gleicher Höhe sieht.
2. **Voll Korn,** wenn die Kornspitze über den oberen Rand des Visirs hervorragt.
3. **Fein Korn,** wenn die Kornspitze unter dem oberen Rande des Visirs liegt.

Der Soldat schießt stets mit gestrichen Korn.

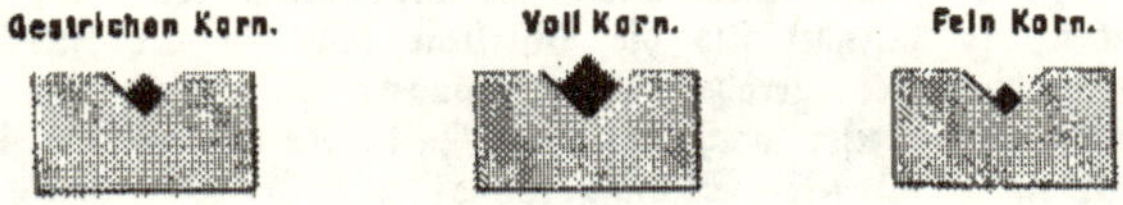

4. Haltepunkt. — Abkommen. — Treffpunkt.

1. **Haltepunkt** nennt man den Punkt, auf welchen die Visirlinie gerichtet sein soll.

„Ziel aufsitzen lassen:

In Anbetracht, daß der tiefste Punkt des Zieles das günstigste Abkommen gewährt, läßt man unter Anwendung des entsprechenden Visirs das Ziel grundsätzlich aufsitzen.

Nur beim Schießen gegen Ziele von halber Mannshöhe und darunter wird bis 200 Meter mit dem Standvisir unter das Ziel gehalten, und zwar bis 75 Meter eine scheinbare Kopfhöhe, von 75—200 Meter zwei scheinbare Kopfhöhen.

2. **Abkommen** nennt man den Punkt, auf welchen die Visirlinie beim Abdrücken des Gewehrs gerichtet war.

Der Soldat muß nach jedem Schuß angeben können, wie er abgekommen ist.

3. **Treffpunkt** ist der Punkt, welchen das Geschoß beim Einschlagen erreicht.

5. Zielfehler.

1. **Verdrehen des Gewehrs.** — Der obere Rand des Visirs muß wagerecht liegen. Ist dies nicht der Fall, so sagt man: das Gewehr ist verdreht. Hierdurch wird die Seelenachse seitlich verschoben, die Verlängerung derselben, welche vor der Mündung die Visirlinie schneidet und sich mit dieser in einer senkrechten Ebene befinden sollte, kommt bei Rechtsverdrehung rechts, bei Linksverdrehung links der Visirlinie zu liegen und entsprechend muß auch das Geschoß abweichen. Je größer beim Verdrehen des Gewehrs die Entfernung ist, desto bedeutender ist die Abweichung. Siehe Figur.

2. **Korn klemmen.** — Klemmt man das Korn, d. h. sieht man es nicht genau in der Mitte der Visirkimme, sondern seitlich derselben, so befindet sich die Visirlinie nicht in der Ziel und Auge verbindenden geraden Linie, sondern sie weicht vor der Mündung von dieser nach derjenigen Seite hin ab, nach welcher man klemmt. Dieselbe Stellung nimmt auch die Seelenachse ein und muß deshalb bei rechts geklemmtem Korn das Geschoß rechts, bei links geklemmtem Korn dagegen links abweichen. Siehe Figur.

3. Mit **voll Korn** schießt man höher, mit **fein Korn** tiefer, als mit gestrichen Korn.

Zielfehler.

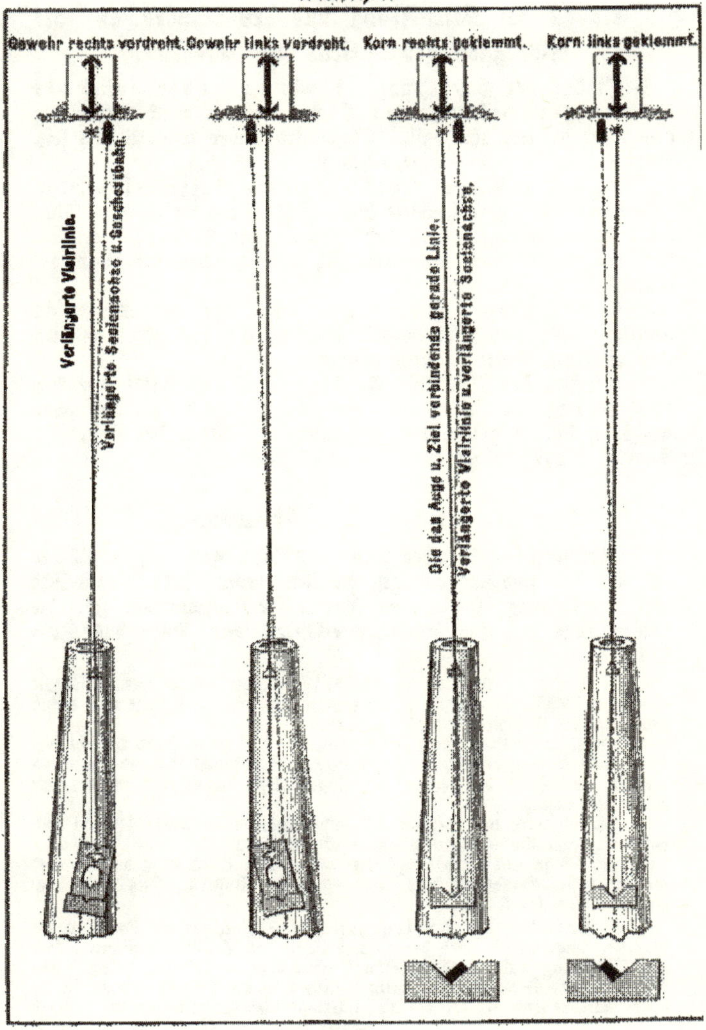
Gewehr rechts verdreht.
Gewehr links verdreht.
Korn rechts geklemmt.
Korn links geklemmt.
Verlängerte Visirlinie.
Verlängerte Seelenachse u. Geschossbahn.
Die das Auge u. Ziel verbindende gerade Linie.
Verlängerte Visirlinie u. verlängerte Seelenachse.

6. Einfluß der Beleuchtung und des Windes auf die Richtigkeit des Zielens und Treffens.

Einfluß der Beleuchtung. 1. Ein von oben durch die Sonne hell beleuchtetes Korn erscheint durch Strahlung dem Auge größer, als sonst. Man wird daher unwillkürlich fein Korn nehmen und in Folge dessen zu tief schießen.

2. Wird das Korn stark von einer Seite beleuchtet, so erscheint die hell erleuchtete Seite größer, als die dunkle. Man wird daher geneigt sein, nach letzterer das Korn zu klemmen. Der Schuß sitzt nach der Seite hin, nach welcher das Korn geklemmt ist.

3. Bei trüber Witterung kann man das Korn nicht deutlich sehen und wird deshalb unwillkürlich voll Korn nehmen und in Folge dessen zu hoch schießen.

Einfluß des Windes. Seitlicher Wind treibt das Geschoß seitwärts. Man muß ihm also entgegenhalten, und zwar um so mehr, je größer die Entfernung, je stärker der Wind ist. Starker Gegenwind ergiebt Kurzschuß.

7. Anschlag. — Abziehen.

Anschlag. — Bei allen Arten des Anschlages muß der Körper fest, aber frei und ungezwungen gehalten werden. Jede unnatürliche Körperverdrehung, sowie jeder übermäßige Kraftaufwand stört die ruhige Lage des Gewehrs oder erschwert dem Auge das Ziel-Nehmen.

1. Anschlag stehend freihändig. — Der Schütze wendet sich mit Gewehr bei Fuß halbrechts, setzt den rechten Fuß etwa $^1/_2$ Schritt nach rechts und dreht die Fußspitzen etwas nach innen.

In dieser Haltung wird fertig gemacht. Die rechte Hand umfaßt den Kolbenhals so, daß die Spitze des Mittelfingers möglichst die des Daumens berührt; der Nagel des rechten Zeigefingers legt sich an die innere linke Kante des Abzugsbügels.

Hierauf wird das Gewehr mit beiden Händen vorwärts gebracht und durch die rechte Hand in die Schulter zurückgezogen. Der rechte Ellenbogen wird nur bis in Schulterhöhe gehoben. Die linke Hand trägt das Gewehr mit der vollen Handfläche und lose angelegten Fingern. Der Kopf liegt ganz leicht an der Kolbe.

2. Anschlag am Auflegegestell. — Nachdem die Kolbe an der Schulter eingesetzt ist, wird der vordere Theil des Gewehrs zwischen Ober- und Mittelring auf die Auflegefläche, ohne diese zu drücken, gelegt. Die Mündung des Gewehres muß beim Einsetzen in die Schulter etwas in die Höhe gerichtet und nachher auf die Unterlage niedergesenkt werden.

3. Anschlag liegend aufgelegt. — Der Schütze legt sich in schräger Front zur Scheibe flach auf die Erde und unterstützt das Gewehr zwischen Ober- und Mittelring. Die linke Hand zieht die Kolbe in die Schulter. Der Körper ruht auf beiden Ellenbogen.

4. Anschlag liegend freihändig. — Das Gewehr wird von den auf die Erde gestützten Ellenbogen getragen. Die linke Hand umgreift den Schaft dicht vor dem Abzugsbügel, die rechte zieht es gegen die Schulter.

5. Anschlag im Knieen. — Beim Anschlag auf einem Knie ruht das rechte auf dem Erdboden, das linke ist ungefähr rechtwinklig gebogen. Der Schütze schlägt hierbei entweder freihändig an oder er stützt den linken Arm auf das linke Knie.

Beim Anschlage auf beiden Knieen, welcher aus der Wendung halbrechts gemacht wird, darf der Körper aufgerichtet bleiben oder auf die Hacken niedergelassen werden.

Das **Abziehen.** 1. Wenn angeschlagen ist, nimmt der rechte Zeigefinger mit der Wurzel seines vorderen Gliedes Fühlung am Abzuge.

2. Sobald das Gewehr auf den Zielpunkt gerichtet ist, wird mit dem Zeigefinger Fühlung am zweiten Druckpunkt genommen, der Athem angehalten und die Abzugsstange allmälig nach hinten gedrückt, ohne zu reißen und ohne die Augen zu schließen.

3. Nachdem der Schuß gefallen und der Mann einen Augenblick im Anschlage liegen geblieben, setzt er ruhig ab.

8. Das Versagen des Gewehrs.

Unter Versagen des Gewehrs versteht man das Nichtlosgehen des Schusses.

Der Grund eines Versagers kann liegen: in der Munition, im Gewehr und in beiden gleichzeitig.

a. **Munitionsfehler, die Versager zur Folge haben können:** Fehlende oder verdorbene Pulverladung — nicht genügend tiefe Versenkung des Zündhütchens in der Zündglocke — feuchtgewordener Zündsatz — verstopfte oder nicht durchgestanzte Löcher.

b. **Gewehrfehler, die Versager zur Folge haben können:**

1. Zu kurzer oder in seiner Spitze verbogener Schlagbolzen; er trifft das Zündhütchen nicht genügend oder gar nicht.
2. Zu schwache Spiralfeder; sie giebt dem Schlagbolzen zu wenig Kraft.
3. Nicht genügender Schluß des Gewehrs, wodurch das Zündhütchen nicht mit der nöthigen Kraft durch den Schlagbolzen getroffen wird.

4. Reibungen und Hemmungen der Schloßtheile; sie beeinträchtigen den freien Gang des Schlosses.

9. Verhalten beim Schießen.

a. Verhalten der Schützen.

1. Die schießende Abtheilung — möglichst nur 5 Mann — steht mit loser Fühlung in einem Gliede der Scheibe gegenüber.

2. Der Schütze tritt, wenn er am Schießen ist, mit Gewehr bei Fuß vor und ladet, wenn die Anzeiger 2c. hinter der Deckung sich befinden, ohne Kommando und ohne Anwendung der Sicherung.

3. Als Zeichen, daß geschossen werden darf, dient eine seitwärts der Scheibe für die schießende Abtheilung sichtbar gemachte roth-weiße Rahmen-Flagge.

4. Wenn der Schütze absetzt, ohne wegzutreten, so läßt er das Gewehr in fertig gemachtem Zustande, andernfalls ist dasselbe zu entladen.

5. Nach dem Schuß nimmt der Schütze das Gewehr ruhig bei Fuß, sagt, wo er abgekommen ist, und bleibt so lange stehen, bis der Schuß angezeigt worden. Dann meldet er unter Angabe seines Namens, wo der Schuß sitzt, und tritt demnächst ein.

Nach jedem Schuß muß der Soldat sich die Patronenhülse ansehen. Bemerkt er, daß ein Theil der Patronenhülse abgerissen ist, so hat er dies sofort zu melden. Unter keinen Umständen darf aus dem Gewehr weiter geschossen werden, bevor nicht der etwa im Laufe befindliche Hülsenrest entfernt ist, weil sonst eine „Aufbauchung" entsteht. Die Untersuchung geschieht, nachdem Wasser durch den Lauf gegossen ist, vermittelst der Durchstoßplatte.

6. Ein geladenes Gewehr darf niemals aus der Hand gelassen werden und müssen die Kammern zusammengesetzter Gewehre stets geöffnet sein.

7. Auf dem Schießstande muß die größte Ruhe und Ordnung herrschen.

b. Verhalten des Anzeigers und der Arbeiter an der Scheibe.

1. Der Anzeiger und die Arbeiter an der Scheibe dürfen die für sie hergerichtete Deckung nur nach gefallenem Schuß verlassen. Das Heraustreten erfolgt langsam, nachdem die Flagge langsam zurückgenommen worden ist.

2. Während des Anzeigens des Schusses muß mit Ausnahme des Anzeigenden Alles rückwärts zur Seite treten.

3. Sobald der Schuß angezeigt ist, wird das Loch in der Scheibe ordentlich verklebt.

4. Der Anzeiger und die Arbeiter haben sich, nachdem der Schuß angezeigt und zugeklebt ist, schnell in die Deckung zu begeben. Die Flagge ist demnächst wieder sichtbar zu machen.

10. Scheiben.

1. Strich-Scheibe. — Sie ist weiß bis auf den senkrechten schwarzen Strich in der Mitte. Am oberen und unteren Ende des Striches befinden sich die Anker.

2. Infanterie-Scheibe. — Sie ist in der Mitte mit einem senkrechten schwarzen Strich versehen. Am oberen und unteren Ende des Striches: die Anker. Zu beiden Seiten des Striches: die Mannsbreite. Die Seitenflächen haben eine blaue Färbung.

In der Mannsbreite befindet sich das Rechteck, welches durch 2 horizontal durch die Mannsbreite sich erstreckende Striche gebildet wird. Im Rechteck: der Spiegel, bestehend aus den Ringen 1, 2 und 3.

Bei Benutzung des Standvisirs wird die Infanterie-Scheibe dergestalt aufgestellt, daß sich der Spiegel in der unteren Hälfte der Scheibe befindet; bei Benutzung der kleinen Klappe dagegen muß der Spiegel in der oberen Scheibenhälfte liegen, es wird daher die Scheibe umgedreht.

Strich-Scheibe.

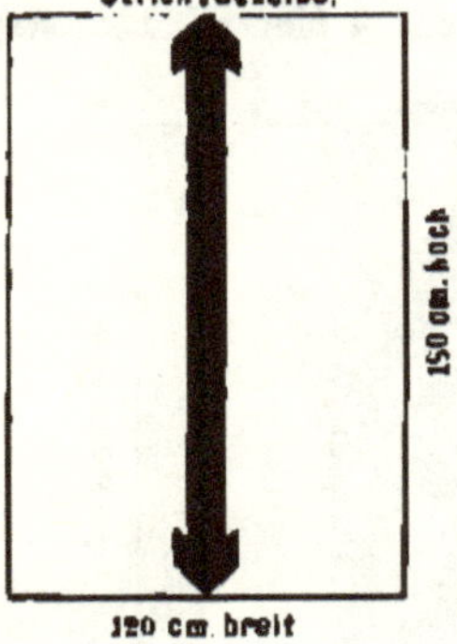

120 cm. breit

Infanterie-Scheibe.

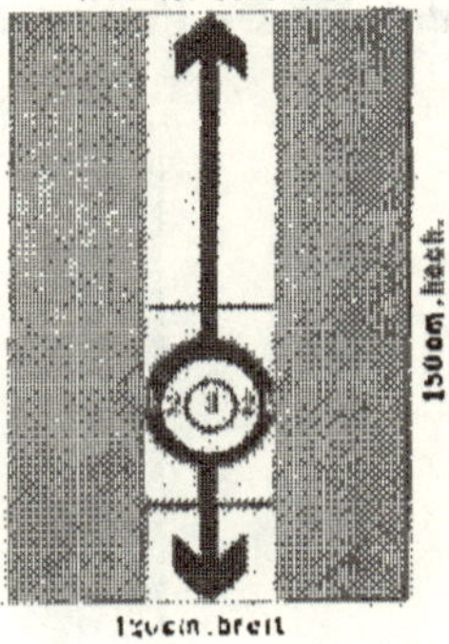

120 cm. breit

3. Figur=Scheibe. — Sie ist mit dem kolorirten Bilde eines Infanteristen versehen. Lederzeug und Beinkleider desselben haben eine dunkle Farbe.

In der oberen Hälfte der Scheibe: das Rechteck, welches durch 2 horizontal durch die Scheibe sich erstreckende Striche gebildet wird.

Abarten der Figur=Scheibe:

Kopf=Scheibe, das oberste Viertel
Brust=Scheibe, das oberste Drittel
Rumpf=Scheibe, die obere Hälfte
Knie=Scheibe, der obere 120 cm. hohe Theil
} der Figur=Scheibe.

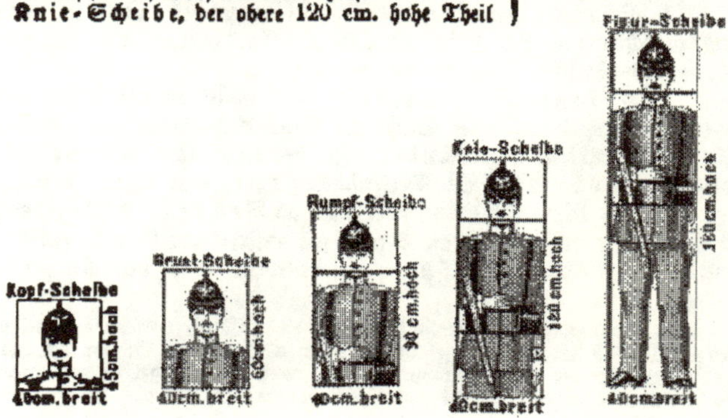

4. Sektions=Scheibe. — Diese, doppelt so breit als die Infanterie=Scheibe, ist mit 3 weißen und 4 blauen Flächen versehen.

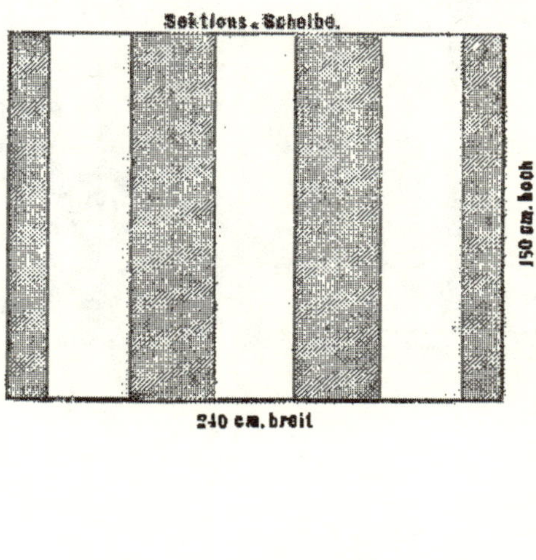

11. Schießklassen.

1. Die Mannschaften jeder Kompagnie sind in 3 **Schießklassen** eingetheilt. Die Uebungen dieser Klassen zerfallen in die **Vorübung** und die **Hauptübung**. Es sind besondere Bedingungen gestellt. Erfüllt der Soldat diese mit einer gewissen Anzahl Patronen, so wird er in die nächst höhere Schießklasse versetzt.

2. Die Schüsse werden in die **kleinen Schießbücher** der Soldaten eingetragen.

3. Die besten Schützen erhalten als Auszeichnung **Prämien** und **Schützenabzeichen** an den Aufschlägen des Waffenrocks.

XI. Leistungsfähigkeit der Waffe.

A. Verwendung des einzelnen Gewehrs.

Da der Soldat in die Lage kommen kann, die Waffe **selbstständig** zu **gebrauchen**, ist die **Kenntniß ihrer Leistungsfähigkeit im Bereich des einzelnen Schusses** erforderlich.

Das Gebiet, innerhalb dessen für den einzelnen **wohlgezielten** Schuß Treffwahrscheinlichkeit besteht, erstreckt sich bis 450 Meter, bei **bekannter Entfernung** bis 650 Meter.

1. Treffgenauigkeit.

Trefffläche.

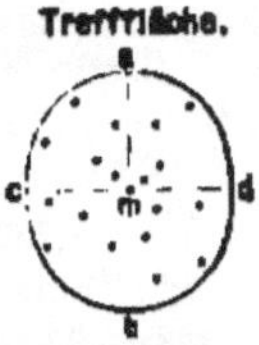

ab. Durchmesser der Höhenstreuung.
cd. Durchmesser der Breitenstreuung.
m. Mittelstes Geschoß.

1. Selbst der beste Schütze vermag nicht mit jedem Schuß ein und denselben Punkt zu treffen. Die Schüsse breiten sich vielmehr auf dem Ziel über eine mehr oder minder große Fläche aus. Diese Fläche nennt man die **Trefffläche**. Ihre Größe nimmt mit der Entfernung des Zieles zu.

2. Das durch den Mittelpunkt der **Trefffläche** gehende Geschoß heißt das **mittelste Geschoß** und dessen Bahn die **mittelste Geschoßbahn**. Diese Bahn und die anderen Geschoßbahnen bilden die **Streuungsgarbe** oder **Geschoßgarbe**. Je weniger hoch und breit sich die einzelnen Geschosse zerstreuen, um so größer ist die Treffgenauigkeit.

Geschossgarbe.

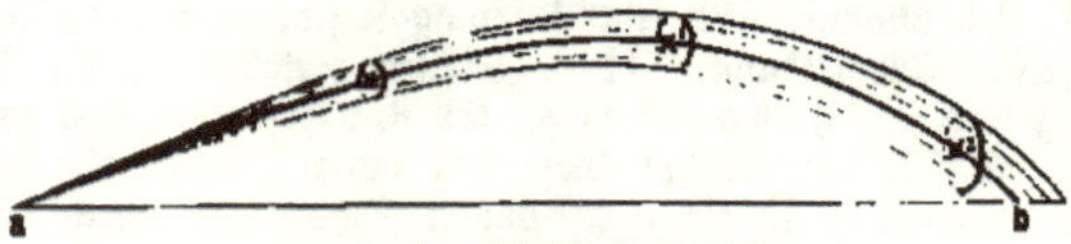

a x x¹ x² b. Mittelste Geschoßbahn.

2. Erfordernisse zur Erzielung einer Treffwirkung.

Zur Erzielung einer Treffwirkung ist erforderlich:

1. **Kenntniß der Gestalt der Geschoßbahnen.** Siehe Figur.
2. **Kenntniß der Feuergrenzen.**
   Als Grenze des Feuers ist festgesetzt:
   - 200 Meter gegen einzelne liegende oder mehr als bis zur Hälfte gedeckte Gegner;
   - 250 Meter gegen mannsbreite Ziele von voller oder halber Mannshöhe;
   - 350 Meter gegen breitere Ziele von halber Mannshöhe;
   - 450 Meter gegen breitere Ziele von ganzer Mannshöhe;
   - 650 Meter bei bekannter Entfernung.
3. **Kenntniß der Größe und Lage der Trefflächen.** Siehe Figur.
   Ist die Trefffläche kleiner oder ebenso groß, als das Ziel, so muß jeder wohlgezielte Schuß einen Treffer ergeben.
   Ist dagegen die Trefffläche größer, als das Ziel, so trifft selbst bei der besten Schußleistung nicht mehr jeder Schuß.
   Innerhalb der Mannsbreite bleibt die Breite der Trefffläche von der Gewehrmündung bis 250 Meter.
   Ueber 250 Meter hinaus muß das Ziel, will man mit jedem Schuß einen Treffer erzielen, außer der entsprechenden Höhe mehr als Mannsbreite einnehmen.
4. **Ausnutzung des Terrains.**
   Durch Auf- oder Anlegen des Gewehrs wird die Schußsicherheit erhöht und zugleich dem Gegner eine kleinere Zielfläche geboten.
   Ueber die Benutzung des Terrains siehe Seite 89.
5. **Fertigkeit im Schätzen der Entfernungen** bis 450 Meter.
6. **Richtige Wahl des Visirs.**
   Standvisir: innerhalb 200 Meter gegen alle Ziele; von 200 bis 270 Meter nur gegen Ziele von halber Mannshöhe und darüber.
   Kleine Klappe: gegen mannshohe Infanterie von 350 Meter bis zur Gewehrmündung; gegen breitere Ziele von halber Mannshöhe von 350 bis 270 Meter.
   Visir 400 Meter: gegen anrückende Kavallerie;
   gegen breitere mannshohe Ziele von 400 bis 350 Meter.

Darstellung der Geschoßbahnen.

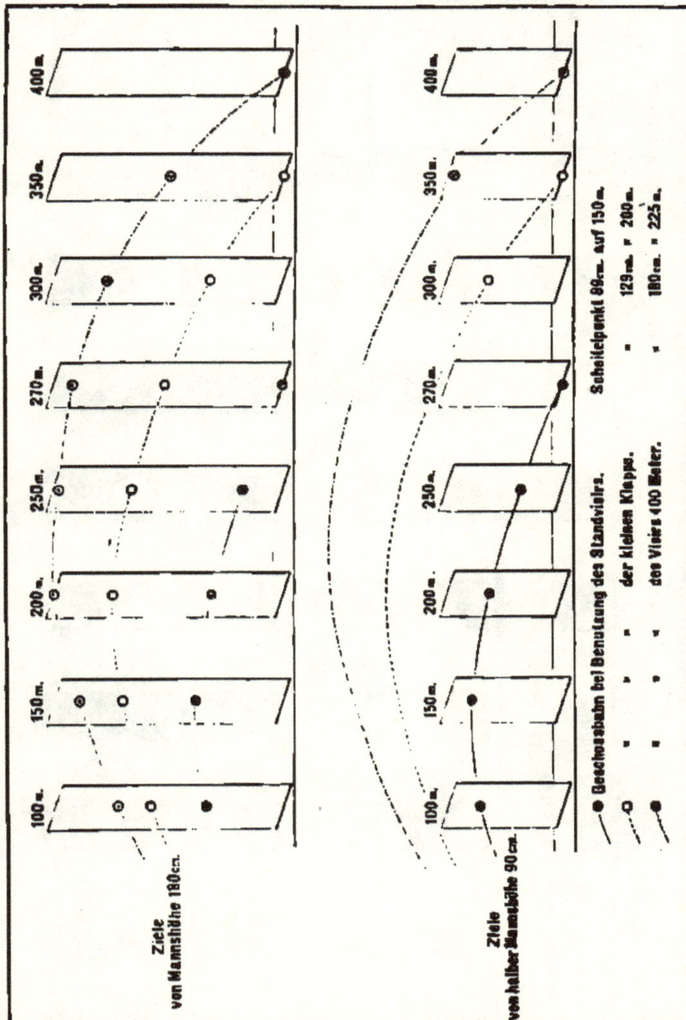

Größe und Lage der Trefflächen.

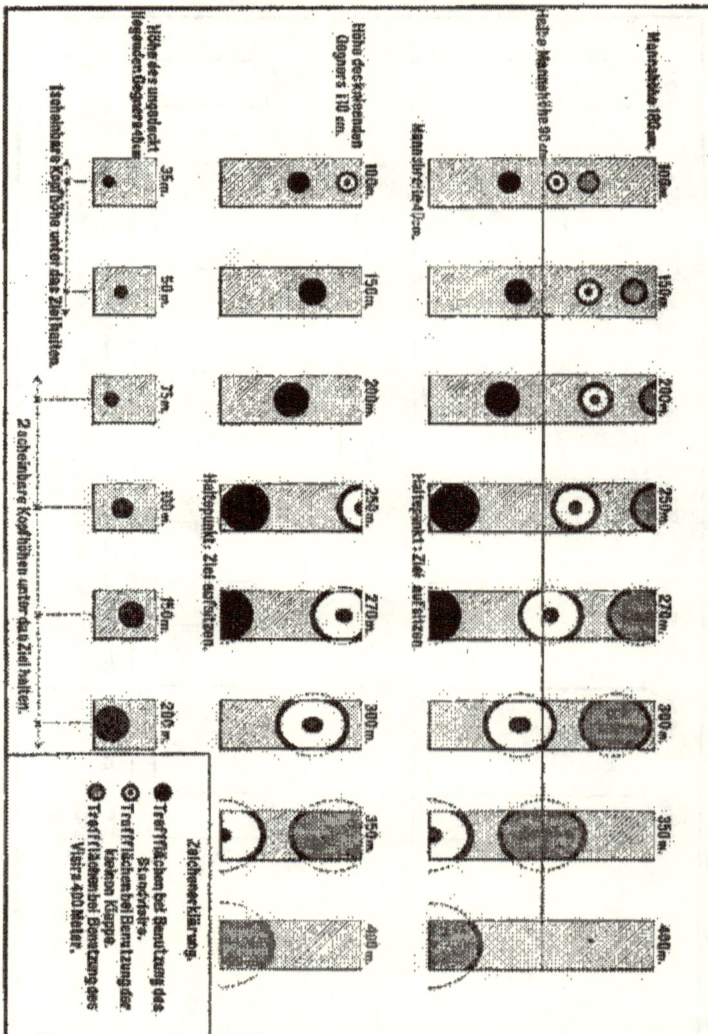

Visir 450 Meter: gegen breitere mannshohe Ziele von 450 bis 400 Meter.

Liegt das Ziel am Endbereich des Visirs, so wird das nächst höhere Ziel genommen.

B. Abtheilungsfeuer.

1. Jenseits der Grenze für die Verwendung des einzelnen Gewehrs ist zur sicheren Erreichung einer Treffwirkung die Abgabe einzelner Schüsse nicht mehr ausreichend, vielmehr das Feuer aus einer größeren Zahl von Gewehren erforderlich.

Weil dasselbe Ziel von einer Abtheilung beschossen wird, nennt man das Feuer „Abtheilungsfeuer".

2. Beim Abtheilungsfeuer ist der einzelne Mann insofern nicht selbstständig, als das Ziel, die Art des Feuers, das Visir und die zu verschießende Patronenzahl vom Führer bestimmt werden.

3. Der Erfolg des Feuers ist von einer sachgemäßen Feuerleitung und einer guten Feuerdisciplin der Mannschaft abhängig.

Treffwirkung.

1. Je kleiner das Ziel und je größer die Entfernung ist, desto mehr Patronen sind nöthig, um den Gegner zu schwächen.

2. Es erleidet

mehr Verluste die Kolonne, als die Linie;
weniger Verluste die liegende Kolonne, als die stehende Kolonne,
die liegende Linie, als die stehende Linie,
die Schützenlinie, als die geschlossene Abtheilung.

3. Bei Anwendung eines Visirs beträgt die Länge des mit Geschossen bestreuten Raumes etwa 100 Meter. Beim Gebrauch von 2 Visiren und 3 Visiren wird die Länge dieser Raumstrecke verdoppelt beziehungsweise verdreifacht.

In der Regel wendet man bis 400 Meter 1 Visir, zwischen 400 und 700 Meter 2 Visire, über 700 Meter 3 Visire an.

Ueber das Feuer einer Schützenlinie siehe Seite 88.

XII. Garnison-Wachtdienst.

1. Die verschiedenen Wachen und Posten und ihr Zweck.

Die einzelnen Wachen und ihre Posten sind nach ihrem Zweck:

Ehren- und Sicherheitswachen und
Ehren- und Sicherheitsposten.

Ehrenwachen erhalten fürstliche Personen. | Als Ehrenbezeugung.
Ehrenposten stehen vor Fahnen und Standarten, vor fürstlichen Personen und höheren Offizieren.

Die Sicherheitswachen und Sicherheitsposten dienen:

1. zur Aufrechthaltung der Ruhe und Ordnung;
2. zur Sicherung Königlichen Eigenthums und
3. zur Bewachung von Arrestanten.

2. Vorgesetzte der Wachen.

Die Wachen stehen unter den Befehlen des kommandirenden Generals des Armee-Korps, des Gouverneurs, Kommandanten oder Garnison-Aeltesten, des Offiziers du jour, der Ronde-Offiziere und der Wachtbefehlshaber.

In dem Verhältniß eines Vorgesetzten befindet sich der Offizier der Ronde indeß nur bei Nacht. Unter Nachtzeit sind die Stunden vom Zapfenstreich bis zur Reveille zu verstehen.

3. Pflichten der Posten im Allgemeinen.

1. Die Schildwachen müssen außer der allgemeinen Instruktion die besonders für ihren Posten gegebene genau kennen und ihren Pflichten gewissenhaft nachkommen.

2. Den Schildwachen ist verboten: sich über die Grenzen ihres Postens hinaus zu entfernen, das Gewehr aus der Hand zu lassen, sich niederzusetzen oder niederzulegen, zu rauchen, zu schlafen, zu essen, zu trinken, zu plaudern oder Geschenke anzunehmen.

3. Lärm und Ungehörigkeiten dürfen die Schildwachen in der Nähe ihres Postens nicht dulden. Sie sind befugt, wenn ihrem Verbot nicht Folge geleistet wird, den Uebertreter zu verhaften. Der Arrestant wird beim Posten behalten, sobald als möglich jedoch die Wache durch einen Vorübergehenden von dem Vorfall unterrichtet.

4. Wenn eine Schildwache erkrankt oder nicht zur gehörigen Zeit abgelöst wird, so benachrichtigt sie die Wache hiervon durch einen Vorübergehenden und bittet um Ablösung, darf aber unter keinen Umständen ihren Posten eigenmächtig verlassen.

5. Wenn Feuer in der Nähe des Postens ausbricht, so macht dieser in den nächsten Häusern Lärm und schickt den ersten Vorübergehenden mit einer Anzeige zur Wache.

6. Das Gewehr wird auf einer Schulter — wenn das Seitengewehr nicht aufgepflanzt ist, auch unter dem Arm — getragen. Nur im Schilderhause wird das Gewehr abgenommen.

7. Die Posten dürfen nur bei Regen- oder Schneewetter in das Schilderhaus treten, sie müssen dieses aber verlassen, sobald sie ein Honneur zu machen haben.

8. Jede Schildwache, welche auf Posten das Seitengewehr nicht aufgepflanzt hat, darf dies erforderlichenfalls selbstständig thun.

9. Beim Aufkommen auf Posten muß sich jede Schildwache überzeugen, ob die zur Bewachung übergebenen Gegenstände ꝛc. beschädigt sind. Ist dies der Fall, so wird es dem aufführenden Gefreiten und durch diesen der Wache angezeigt. Nach erfolgter Ablösung müssen die Schildwachen jeden Vorfall auf Posten dem Wachthabenden melden.

4. Waffengebrauch.

In nachstehenden Fällen sind die Posten zum Gebrauch der Waffe berechtigt:

1. wenn sie angegriffen oder mit einem Angriff gefährlich bedroht werden;
2. wenn sich Jemand bei der Verhaftung widersetzt, sich thätlich an der Schildwache vergreift oder gefährliche Drohungen gegen dieselbe ausstößt;
3. wenn ein Verhafteter oder ein zur Bewachung anvertrauter Gefangener zu entfliehen versucht.

Mangel an Entschlossenheit eines Postens wird streng bestraft. Es sind aber Thätlichkeiten und Verwundungen zu vermeiden, so lange noch andere Mittel zu Gebote stehen.

5. Honneurs der Posten.

1. Die Honneurs der Schildwachen geschehen auf 3 Arten, indem sie auf ihren Posten treten und

1) präsentiren,
2) das Gewehr anfassen,
3) mit Gewehr über still stehen.

Das Honneurmachen mit Gewehr bei Fuß und Strecken findet nur in Königlichen und Prinzlichen Schlössern statt.

2. Das Honneur wird auf dem Posten der Schildwache ausgeführt und muß beendigt sein, wenn der Vorgesetzte den Posten passirt. War der Vorgesetzte zu spät bemerkt, so wird das Honneur nachträglich erwiesen.

Jede Schildwache muß der Person, vor welcher sie Honneur macht, mit den Augen folgen.

3. Doppelposten machen die Griffe zugleich, wobei sich der links stehende Mann nach dem anderen richtet.

4. Winkt ein Vorgesetzter, so erweist die Schildwache kein Honneur, sondern geht mit Gewehr über herum.

5. Die Posten präsentiren vor:

Ihren Majestäten dem Kaiser und der Kaiserin;
den Mitgliedern des Königlichen Hauses;
fremden gekrönten Häuptern, den Prinzen und Prinzessinnen Kaiserl. und Königlicher Häuser, den Erbgroßherzögen und deren Gemahlinnen;
allen Generalen und Stabsoffizieren der Armee;
den Admiralen, den Kapitains zur See und den Korvetten-Kapitains der Marine;
den Militair-Aerzten mit Generals- und Stabs-Offizier-Rang;
den Rittern des schwarzen Adlerordens und des Großkreuzes des rothen Adlerordens, sowie denen der 1. Klasse des rothen Adlerordens und des Kronenordens;
dem Kommandanten oder Garnison-Aeltesten des Ortes;
dem Offizier du jour und der visitirenden Ronde;
den Fahnen und Standarten der Truppen;
den militairischen Leichenparaden.

6. Die Posten fassen das Gewehr an vor:

allen Hauptleuten, Rittmeistern und Subaltern-Offizieren der Armee;
den Kapitain-Lieutenants und Subaltern-Offizieren der Marine;
den Militair-Aerzten mit Hauptmanns- und Lieutenants-Rang;
den Rittern des Ordens pour le mérite;
allen Offizieren und Militair-Aerzten mit Offiziersrang, welche ohne Gradabzeichen und in Mänteln sind, und die der Posten nicht persönlich kennt.

7. Die Posten stehen mit Gewehr über still vor:

den Rittern von Orden mit Schwertern;
den Inhabern des eisernen Kreuzes, des Militair-Verdienst-Kreuzes und des Militair-Ehrenzeichens 1. und 2. Klasse.

8. Den Rittern und Inhabern der aufgeführten Orden und Ehrenzeichen, sofern sie dieselben tragen, werden die betreffenden Honneurs erwiesen, wenn ihnen nach ihrem Range kein höheres Honneur zusteht, auch wenn sie sich in Civil-Kleidung befinden.

9. Offizieren fremder Armeen werden dieselben Honneurs erwiesen, wie denen des Deutschen Heeres.

10. Von eintretender Dunkelheit an bis zum Wiederanbruch des Tages wird nur vor dem Offizier du jour und vor Ronden präsentirt. Vor allen übrigen Offizieren faßt der Posten das Gewehr an.

Posten, welche im Innern von Häusern an hell erleuchteten Orten stehen, machen auch bei Nacht alle Honneurs wie am Tage.

Dagegen stehen Posten, welche das Gewehr geladen oder das Seitengewehr aufgepflanzt haben, als Honneur nur mit „Gewehr über" still.

6. Ablösen der Posten.

1. Auf das Kommando des Wachthabenden: „Gefreite — vor!" treten die Gefreiten bei der ersten Ablösung auf den linken Flügel der neuen Wache, bei allen anderen Ablösungen 5 Schritte vor die Mitte der Wache.

2. Auf das Kommando: „Ablösung — vor!" begeben sich die Posten zu ihren Gefreiten, welche die Ablösung ordnen; bis 3 Mann werden in 1 Gliede, 4 bis 8 Mann in 2 Gliedern aufgestellt. — Die neue Schildwache „vor dem Gewehr" geht allein vor und löst die alte ab.

3. Auf das Kommando: „Ab — marschirt!" machen die Gefreiten Kehrt und kommandiren:

„Marsch!"

und in einiger Entfernung von der Wache:

„Das Gewehr — über!"

Die Gefreiten lassen vor jedem Offizier und Sanitäts-Offizier das Gewehr anfassen und kommandiren erforderlichenfalls: „Augen — links!"

Beim ersten Aufführen kommandirt der Gefreite der neuen Wache, welcher rechts geht. Beim Rückmarsch geht der Gefreite der alten Wache rechts und kommandirt die abgelöste Mannschaft.

4. Sobald sich der Gefreite dem abzulösenden Posten nähert, kommandirt er:

„Faßt das Gewehr — an!"

und, bei diesem angekommen:

„Halt! — Ablöser — vor!"

Die neue Nummer tritt der alten gegenüber, welche bereits bei Annäherung der Ablösung das Gewehr angefaßt hat. Sie überliefern sich das Nöthige und wechseln dann die Plätze.

Ist abgelöst, so erfolgt der Rückmarsch.

5. Bei dem Zurückkommen der Posten läßt der Gefreite das Gewehr anfassen, führt sie bis 5 Schritt vor die Wache, kommandirt:

„Halt! — Eingetreten!"

worauf die Ablösung in die Gewehrstützen geht, und hierauf:

„Halt! — Front!"

Dann tritt er selbst auf seinen Platz.

Steht die Wache nicht im Gewehr, so führt der Gefreite die Ablösung beim linken Flügel der Gewehre vorbei und kommandirt hinter denselben:

„Halt! — Gewehr — ab! — Weggetreten!"

Die Mannschaft stellt ihre Gewehre zurück und wartet das Herausrufen der Wache bei Rückkehr der letzten Ablösung ab.

7. Posten vor dem Gewehr.

1. Der Posten vor dem Gewehr bewacht die Gewehre und das Instrument des Spielmanns. Er hält den Platz vor der Wache frei und gestattet nicht, daß Unbefugte in den Raum, wo die Gewehre stehen, treten oder in die Wachtstube eindringen.

2. Er ruft „Heraus"

als Ehrenbezeugung:

vor Ihren Majestäten dem Kaiser und der Kaiserin;
vor den Mitgliedern des Königlichen Hauses;
vor fremden gekrönten Häuptern, den Prinzen und Prinzessinnen Kaiserlicher und Königlicher Häuser, sowie den Erbgroßherzögen und deren Gemahlinnen;
vor sämmtlichen Generalen und Admiralen;
vor dem Brigade-Kommandeur, auch wenn dieser noch Oberst ist;
vor dem Kommandeur des wachthabenden Regiments oder selbstständigen Bataillons;
vor dem Kommandanten oder Garnison-Aeltesten;
vor dem Offizier du jour und der visitirenden Ronde;
vor den Rittern des schwarzen Adlerordens;
vor Fahnen und Standarten;
vor militairischen Leichenparaden;
vor geschlossen marschirenden Truppen-Abtheilungen, welche von Offizieren geführt werden;

nicht als Ehrenbezeugung:

bei Aufläufen, Aufzügen, Civilbegräbnissen und Feuersbrünsten;
bei Generalmarsch, zur Ablösung und bei Rückkehr der letzten Ablösung;
zum Gebet beim Zapfenstreich und bei der Reveille;
wenn die neue Wache kommt;
wenn es zu regnen oder zu schneien beginnt oder wieder aufhört.

Das Herausrufen vor einem Vorgesetzten muß so zeitig geschehen, daß die Wache noch das Honneur ausführen kann.

Kommt jedoch der Vorgesetzte früher vorbei, so präsentirt der Posten für sich, sonst auf das Kommando des Wachthabenden.

3. Winkt ein Vorgesetzter, so unterbleibt das Herausrufen; der Posten erweist ihm jedoch das vorgeschriebene Honneur, insofern dies nicht durch ein abermaliges Winken gleichfalls verbeten wird.

8. Anrufen bei Nacht und Examiniren des Offiziers du jour und der Ronde.

1. Der Offizier du jour hat während der 24 Stunden seines Dienstes sämmtliche Wachen zu revidiren.

Der Ronde-Offizier revidirt die Wachen zwischen Zapfenstreich und Reveille.

Offiziere du jour, wenn sie die Wachen bei Nacht revidiren, und Ronde-Offiziere haben bei ihren Revisionen in der Regel Begleitungsmannschaften (1 Gefreiten und 2 Mann) bei sich.

2. Der Posten vor dem Gewehr ruft mit Eintritt der Dunkelheit Offiziere im Garnison-Dienstanzuge und Soldatentrupps, welche auf die Wache zuschreiten, mit:

„Halt! — Werda?"

an. War die Antwort: „Ronde!" oder „du jour!", so faßt der Posten an der Stelle, wo er angerufen, das Gewehr an und examinirt dann weiter:

„Wer thut die du jour (die Ronde)?"

Ist der angegebene Name richtig, so ruft der Posten:

„Heraus!",

tritt auf seinen Platz und meldet dem Wachthabenden:

„Der Offizier du jour (Die Ronde)!",

worauf präsentirt wird.

Der Führer der Begleitungsmannschaft, welche zuvor das Gewehr auf Kommando angefaßt hat, läßt präsentiren und demnächst schultern, sobald Beides von der Wache geschieht.

3. Schildwachen, welche nicht vor dem Gewehr stehen, rufen nur an, wenn dies durch ihre Instruktion besonders vorgeschrieben ist. Erfolgt auf den Ruf: „Halt! — Werda?" — die Antwort: „Patrouille", so sagt der Posten:

„Patrouille vorbei!"

9. Verhalten auf gewissen Posten.

1. **Ehrenposten** müssen stets den Rang und Namen des Vorgesetzten wissen, vor dem sie stehen, und ob derselbe zu Hause ist — Posten vor Fahnen muß deren Standort bekannt sein.

Mannschaften, welche sich in der 2. Klasse des Soldatenstandes befinden, werden nicht zu Ehrenposten verwendet.

2. **Posten vor Magazinen, Zeughäusern** rc. haben darauf zu sehen, daß Nichts daraus gestohlen oder daran beschädigt wird. Unbefugten wird der Eintritt in dieselben untersagt.

3. **Posten vor Arrestanten** haben das Entspringen derselben zu verhindern und dürfen nicht dulden, daß den Arrestanten heimlich

Etwas zugesteckt wird, daß sie lärmen, sich unterhalten oder mit Jemandem verkehren.

4. **Posten vor Lazarethen** dürfen Kranke nur mit Erlaubniß des Arztes oder eines Lazarethbeamten herauslassen. Personen, welche Kranke besuchen wollen, werden an den wachthabenden Unteroffizier gewiesen. Den sich im Garten aufhaltenden Kranken darf Nichts zugesteckt werden.

5. **Posten vor Pulvermagazinen** haben Alles, was eine Feuersgefahr herbeiführen könnte, abzuwenden, daher auch besonders das Rauchen in der Nähe derselben nicht zu dulden. Wer ins Innere gelassen werden darf, wird dem Posten besonders bezeichnet.

10. Dienst der Gefreiten.

1. Die Gefreiten der Wache haben:
   1) die Ablösungen zu führen und
   2) die Rapporte und Meldungen zu überbringen.

2. Sie sind beim Aufführen der Posten dafür verantwortlich, daß dieselben ordnungsmäßig und im Tritt marschiren; dieselben haben ferner darauf zu achten, daß die Ablösung sich stets auf der Fahrstraße hält und niemals den Bürgersteig betritt, und müssen darauf sehen, daß die Ueberlieferung der Schildwachen gründlich geschieht.

3. Nach Rückkehr zur Wache melden die Gefreiten dem Wachthabenden, daß die Posten richtig aufgeführt sind, sowie etwaige bei der Ablösung vorgekommene Unregelmäßigkeiten oder an Schilderhäusern u. s. w. wahrgenommene Beschädigungen.

4. Der Gefreite, welcher in die Wohnung eines Vorgesetzten zum Melden geschickt wird und hierzu ohne Gewehr mit Patrontasche geht, überreicht den Rapport oder die Meldung mit den Worten:

„Rapport (Meldung) von der N.-Wache!"

Bei einer mündlichen Meldung ist der zu meldende Vorfall kurz anzugeben.

Wenn ein höherer Vorgesetzter, als der, an welchen die Meldung gerichtet werden soll, anwesend ist, so wird sie diesem abgestattet.

11. Verhalten der Mannschaft auf Wache.

1. Die Mannschaft muß stets reinlich und vorschriftsmäßig angezogen sein und sich ruhig in der Wachtstube verhalten.

2. Die Tornister und sonstigen Sachen der Mannschaft müssen in der Wachtstube ordnungsmäßig aufbewahrt sein.

3. Niemand darf ohne Erlaubniß die Wache verlassen.

4. Vor dem Wachtlocal muß die Mannschaft sich militairisch an-

ständig betragen und den vorbeikommenden Vorgesetzten genau die Honneurs erweisen.

5. Beim Herausrufen muß jeder Mann schnell neben sein Gewehr treten und dasselbe ergreifen.

12. Die Patrouillen.

1. Die Patrouillen, welche von den einzelnen Wachen entsendet werden, sind in der Regel 1 Gefreiter und 2 Mann stark und haben

1) einen militairischen Zweck: die Aufmerksamkeit der Posten zu prüfen;

2) einen polizeilichen Zweck: für Aufrechthaltung der öffentlichen Ruhe und Sicherheit zu sorgen.

2. Patrouillen marschiren wie Ablösungen.

3. Honneurs werden den Patrouillen weder von Wachen, noch von Posten erwiesen. Haben Patrouillen Arrestanten bei sich, so erweisen sie keine Honneurs.

4. Die Patrouillen müssen jeden Posten ihrer eigenen Wache, der bei einer groben Pflichtwidrigkeit oder in einem Zustande betroffen wird, welcher ihn an Ausübung seiner Obliegenheiten augenscheinlich verhindert, sofort ablösen und zur betreffenden Wache bringen. Geringere Dienstwidrigkeiten der Posten werden nur der Wache gemeldet.

5. Jeder nach dem Zapfenstreiche außerhalb des Quartiers angetroffene Soldat, welcher keine Urlaubskarte hat, wird mit zur Wache genommen.

6. Personen, welche bei Ausführung einer strafbaren Handlung oder eines Verbrechens betroffen werden, sind zu arretiren und zur Wache zu bringen.

7. Patrouillen, welche zur Beilegung einer Schlägerei in ein Wirthshaus geschickt werden, verhaften die bezeichneten Personen. Die anwesenden Soldaten werden, sofern sie schuldig sind, ohne Weiteres arretirt, sonst aber angewiesen, das Local zu verlassen.

8. Bei allen Verhaftungen müssen die Patrouillen mit Entschlossenheit und Besonnenheit auftreten.

XIII. Preußische Orden und Ehrenzeichen, vor welchen Honneurs gemacht werden.

---

1. **Der schwarze Adlerorden.** — Ein silberner Stern mit einem schwarzen Adler im Mittelfelde.

Honneurerweisung der Posten: Präsentiren des Gewehrs.

2. **Das Großkreuz des rothen Adlerordens.** — Ein goldener Stern mit einem rothen Adler im Mittelfelde.

Für Auszeichnung im Kriege: mit Schwertern.

Honneurerweisung der Posten: Präsentiren des Gewehrs.

3. **Der rothe Adlerorden 1. Klasse.** — Ein silberner Stern mit einem rothen Adler im Mittelfelde.

Für Auszeichnung im Kriege: mit Schwertern.

Honneurerweisung der Posten: Präsentiren des Gewehrs.

4. **Der Kronenorden 1. Klasse.** — Ein silberner Stern mit einer Krone und der Umschrift „Gott mit uns" im Mittelfelde.

Für Auszeichnung im Kriege: mit Schwertern.

Honneurerweisung der Posten: Präsentiren des Gewehrs.

Die Orden 1 bis 4 werden auf der linken Brust getragen.

5. **Der Orden pour le mérite.** — Ein blaues achtspitziges Kreuz mit der goldenen Inschrift: „Pour le mérite" (dem Verdienste) und 4 goldenen Adlern zwischen den Armen.

Wird nur für Auszeichnung im Kriege verliehen und an einem schwarzen Bande mit silberner Einfassung um den Hals getragen.

Honneurerweisung der Posten: Anfassen des Gewehrs.

6. **Das eiserne Kreuz.** Verliehen für Auszeichnung vor dem Feinde in den Kriegsjahren 1813, 14, 15 und 1870/71.

Ein schwarzes eisernes Kreuz mit silberner Einfassung.

Ordensband: schwarz mit weißer Einfassung.

Das Großkreuz wird um den Hals, das Kreuz 1. Klasse auf der linken Brust, das Kreuz 2. Klasse am Bande auf der Brust getragen.

Honneurerweisung der Posten vor den Inhabern der 1. und 2. Klasse: Stillstehen mit Gewehr über.

7. **Der Hausorden von Hohenzollern mit Schwertern,** in 3 Klassen, wird für Auszeichnung im Kriege verliehen.

Ein mit der Königlichen Krone versehenes schwarz und weißes Kreuz, zwischen dessen Armen sich ein grüner Kranz und 2 Schwerter befinden. Im vorderen Mittelfelde: ein schwarzer Adler mit der Umschrift: „Vom Fels zum Meer."

Ordensband: schwarz mit weißer Einfassung.

Die 1. und 2. Klasse wird um den Hals, die 3. Klasse am Bande auf der Brust getragen.

Honneurerweisung der Posten: Stillstehen mit Gewehr über.

Abbildungen preussischer Orden und Ehrenzeichen.

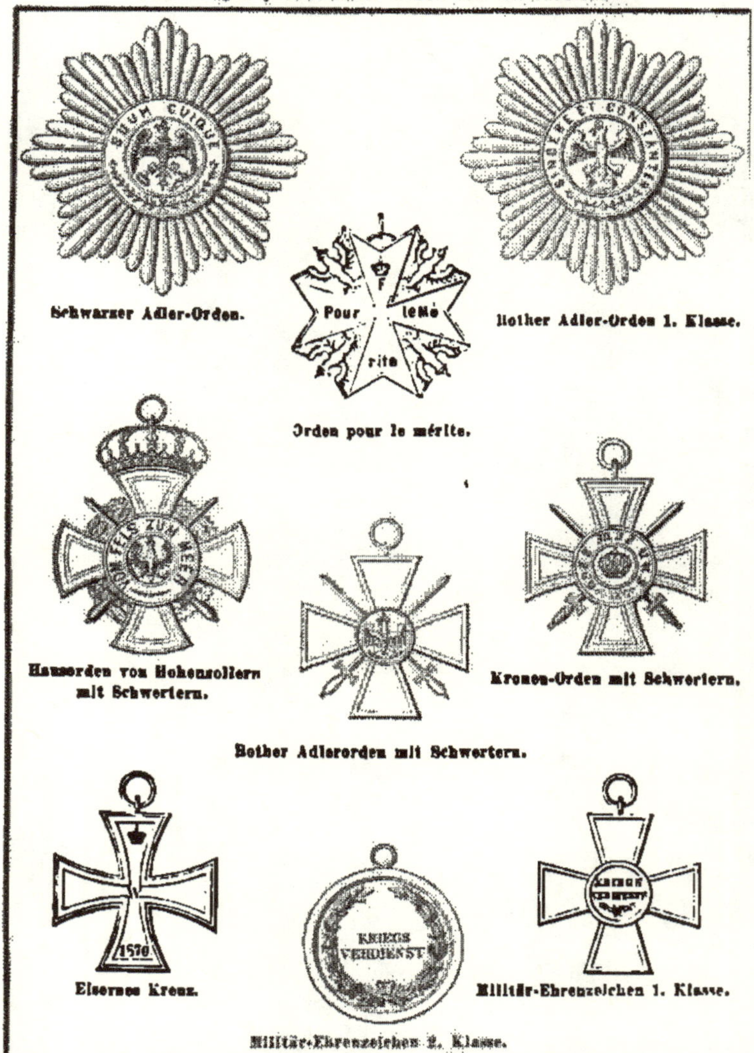

Schwarzer Adler-Orden.

Orden pour le mérite.

Rother Adler-Orden 1. Klasse.

Hausorden von Hohenzollern mit Schwertern.

Rother Adlerorden mit Schwertern.

Kronen-Orden mit Schwertern.

Eisernes Kreuz.

Militär-Ehrenzeichen 2. Klasse.

Militär-Ehrenzeichen 1. Klasse.

8. **Der rothe Adlerorden 2., 3. und 4. Klasse mit Schwertern.** — Werden für Auszeichnung im Kriege verliehen.

Die 2. und 3. Klasse ist ein weißes, die 4. Klasse ein silbernes Kreuz mit 2 Schwertern. Im Mittelfelde: ein rother Adler.

Ordensband: schwarz mit weißer Einfassung.

Die 2. Klasse wird um den Hals, die 3. und 4. Klasse am Bande auf der Brust getragen.

Honneurerweisung der Posten: Stillstehen mit Gewehr über.

9. **Der Kronenorden 2., 3. und 4. Klasse mit Schwertern.** — Werden für Auszeichnung im Kriege verliehen.

Die 2. und 3. Klasse ist ein weißes, die 4. Klasse ein goldenes Kreuz mit 2 Schwertern. Im Mittelfelde: eine Krone mit der Umschrift: „Gott mit uns."

Ordensband: schwarz mit weißer Einfassung.

Die 2. Klasse wird um den Hals, die 3. und 4. Klasse am Bande auf der Brust getragen.

Honneurerweisung der Posten: Stillstehen mit Gewehr über.

10. **Das Militair-Verdienst-Kreuz** ist ein goldenes Kreuz
11. **Das Militair-Ehrenzeichen 1. Klasse** ist ein silbernes Kreuz
12. **Das Militair-Ehrenzeichen 2. Klasse** ist eine silberne Medaille

(10–12:) mit der Inschrift: „Kriegs-Verdienst."

Die Ehrenzeichen 10 bis 12 werden für Auszeichnung im Kriege verliehen und auf der Brust an einem schwarzen Bande mit weißer Einfassung getragen.

Honneurerweisung der Posten: Stillstehen mit Gewehr über.

Anmerkung: Den Rittern und Inhabern der aufgeführten Orden und Ehrenzeichen, sofern sie dieselben tragen, werden die angegebenen Honneurs erwiesen, wenn ihnen nach ihrem Range kein höheres Honneur zusteht, auch wenn sie sich in Civil-Kleidung befinden.

XIV. Das Preußische Heer.

1. ~~Truppen~~ Waffengattungen.

Die ~~Truppen~~ Waffengattungen sind: die Infanterie — die Kavallerie — die Artillerie — die Pioniere — der Train.

Königl. Ministerium v. 9. Mai 1885 Nr 1050. 4. 85. A. 1.

Seitens des Herrn Reichskanzlers ist der §. 94, 6 Theil I der Wehrordnung auf diesseitige Anregung dahin deklarirt worden, daß die schwere Kavallerie einerseits, und die leichte Kavallerie andererseits als je eine besondere „Waffengattung" im Sinne der angeführten Bestimmung anzusehen sind.

g. g.

1. **Die Infanterie**, die Truppe zu Fuß. Hierzu gehören: **Grenadiere** und **Musketiere**, bei welchen das Lederzeug weiß ist; ferner **Füsiliere**, **Jäger** und **Schützen**, die schwarzes Lederzeug tragen.

Die Infanterie ist mit dem Infanterie-Gewehr M/71 bewaffnet; Jäger und Schützen führen die Jäger-Büchse M/71.

Die Preußische Infanterie zählt:

Garde: 4 Garde-Regimenter zu Fuß,
4 Garde-Grenadier-Regimenter,
1 Garde-Füsilier-Regiment,
1 Garde-Jäger-Bataillon,
1 Garde-Schützen-Bataillon.

Linie: 12 Grenadier-Regimenter (Nr. 1—12),
11 Füsilier-Regimenter (Nr. 33—40, 73, 80, 86),
73 Infanterie-Regimenter (Nr. 13—32, 41—72, 74—79, 81—85, 87—88, 97—99, 128—132),
11 Jäger-Bataillone.

Der Preußischen Armee sind eingereiht:

2 Mecklenburgische Regimenter (Nr. 89 und 90),
1 Mecklenburgisches Jäger-Bataillon (Nr. 14),
1 Oldenburgisches Regiment (Nr. 91),
1 Anhaltisches Regiment (Nr. 93),
3 Thüringische Regimenter (Nr. 94—96),
6 Badische Regimenter (Nr. 109—114),
4 Großherzoglich Hessische Regimenter (Nr. 115—118).

Im Ganzen: 122 Infanterie-Regimenter,
13 Jäger-Bataillone und 1 Schützen-Bataillon.

2. **Die Kavallerie**, die Truppe zu Pferde. Sie wird in schwere und leichte eingetheilt. Die schwere Kavallerie hat größere und stärkere Pferde und Leute, als die leichte Kavallerie.

Zur schweren Kavallerie gehören: **Kürassiere** und **Ulanen**.

Zur leichten Kavallerie gehören: **Husaren** und **Dragoner**.

Es bestehen:

Garde: 1 Regiment der Gardes du Corps,
1 Garde-Kürassier-Regiment,
2 Garde-Dragoner-Regimenter,
1 Garde-Husaren-Regiment,
3 Garde-Ulanen-Regimenter.

Linie: 8 Kürassier-Regimenter,
24 Dragoner-Regimenter (darunter 2 Mecklenburgische, 1 Oldenburgisches, 3 Badische, 2 Großherzoglich Hessische),

16 Husaren-Regimenter,
16 Ulanen-Regimenter.

Im Ganzen: 72 Kavallerie-Regimenter.

3. Die **Artillerie**, die Truppe am Geschütz. Sie zerfällt in Feld-Artillerie und Fuß-Artillerie. Letztere ist zum Dienst in Festungen und bei Belagerungen bestimmt.

Es bestehen:

2 Garde-Feld-Artillerie-Regimenter,
27 Linien-Feld-Artillerie-Regimenter (darunter 2 Badische, 1 Großherzoglich Hessisches),
1 Garde-Fuß-Artillerie-Regiment,
10 Linien-Fuß-Artillerie-Regimenter,
2 Fuß-Artillerie-Bataillone (darunter 1 Badisches).

4. Die **Pioniere**. Sie sind bestimmt, die im Kriege nöthigen Bauten auszuführen (Schanzen, Laufgräben, Brücken, Minen rc.).

Es bestehen:

1 Garde-Pionier-Bataillon,
14 Linien-Pionier-Bataillone (darunter 1 Badisches).

Außerdem: 1 Eisenbahn-Regiment, welches zur Erlernung des Eisenbahn-Baues und Betriebes bestimmt ist.

5. Der **Train** hat die Bestimmung, die für die Armee nothwendigen Kriegsbedürfnisse fortzuschaffen.

Es bestehen:

1 Garde-Train-Bataillon,
13 Linien-Train-Bataillone (darunter 1 Badisches),
1 Train-Kompagnie (Großherzoglich Hessische).

2. Eintheilung.

1. Die Preußische Armee — mit Einschluß der ihr eingereihten Truppen der kleineren Staaten — ist eingetheilt in 1 Garde- und 13 Armee-Korps (Nr. 1 bis 11, Nr. 14 und Nr. 15).

2. Das Armee-Korps zerfällt in 2 Divisionen (bei dem Garde-Korps und 15. Armee-Korps 3, und zwar 2 Infanterie- und 1 Kavallerie-Division, ebenso hat das 11. Armee-Korps 3 Divisionen, da demselben die Großherzoglich Hessische (25.) Division zugetheilt ist).

3. Die Division enthält 2 Infanterie-Brigaden und 1 Kavallerie-Brigade.

4. Eine Kavallerie=Brigade hat 2 oder 3 Regimenter, ein Kavallerie=Regiment hat 5 Escadrons.

5. Eine Infanterie=Brigade ist in der Regel aus 2 Linien= und 2 Landwehr=Regimentern gleicher Nummer zusammengesetzt.

6. Ein Infanterie=Regiment hat 3 Bataillone, nämlich: 1. Bataillon, 2. Bataillon, Füsilier=Bataillon bez. 3. Bataillon (bei den Füsilier=Regimentern).

7. Jedes Bataillon hat 4 Kompagnien.

Das 1. Bataillon: 1., 2., 3., 4. Kompagnie.

Das 2. Bataillon: 5., 6., 7., 8. Kompagnie.

Das Füs.=Bat. bez. 3. Bat.: 9., 10., 11., 12. Kompagnie.

Die Kompagnien unterscheiden sich von einander durch die Nummerknöpfe (1—12) auf den Schultern der Waffenröcke und durch die Säbeltrobbeln der Gemeinen.

Unterscheidungszeichen an den Säbeltrobbeln der Gemeinen.

Kompagnie:	Schieber.	Eichel.	Kranz.
1.	Weiß.	Weiß.	Weiß.
2.	Roth.	Weiß.	Roth.
3.	Gelb.	Weiß.	Gelb.
4.	Blau.	Weiß.	Blau.
5.	Weiß.	Roth.	Weiß.
6.	Roth.	Roth.	Roth.
7.	Gelb.	Roth.	Gelb.
8.	Blau.	Roth.	Blau.
9.	Weiß.	Gelb.	Weiß.
10.	Roth.	Gelb.	Roth.
11.	Gelb.	Gelb.	Gelb.
12.	Blau.	Gelb.	Blau.

8. Jede Kompagnie wird eingetheilt:
zum Exerziren ꝛc. in Züge und Sektionen, für den inneren Dienst in Korporalschaften, deren mehrere eine Inspection bilden.

9. Außer den im Divisions=Verbande stehenden Truppen gehören zu jedem Armee=Korps:
1 Feld=Artillerie=Brigade, 1 Jäger=Bataillon, 1 Pionier=Bataillon, 1 Train=Bataillon und meistens 1 Fuß=Artillerie=Regiment.

10. Eine Feld=Artillerie=Brigade besteht aus 2 Feld=Artillerie=Regimentern; ein Feld=Artillerie=Regiment hat 2 oder 3 Abtheilungen, eine Abtheilung 3 oder 4 Batterien.

11. Ein Fuß=Artillerie=Regiment besteht aus 2 Bataillonen, ein Bataillon aus 4 Kompagnien.

12. Ein Jäger-Bataillon und Pionier-Bataillon hat 4 Kompagnien, ein Train-Bataillon 2 oder 3 Kompagnien.

XV. Die Streitkräfte des Deutschen Reiches.

Oberbefehlshaber: Seine Majestät der Deutsche Kaiser und König von Preußen. Wilhelm I

Die Streitkräfte des Deutschen Reiches bestehen aus:
1. dem Heere, 2. der Marine und 3. dem Landsturme.

Es wird eingetheilt
das **Heer** in: das stehende Heer und die Landwehr,
die **Marine** in: Flotte und Seewehr.

Das stehende Heer und die Flotte sind beständig zum Kriegsdienste bereit, die Landwehr und Seewehr sind zur Unterstützung des stehenden Heeres und der Flotte bestimmt.

Der **Landsturm** besteht aus allen zum Militairdienst Brauchbaren vom 17. bis zum 42. Lebensjahre, welche weder dem Heere, noch der Marine angehören. Derselbe tritt nur im Falle eines feindlichen Einfalls auf Befehl des Kaisers zusammen.

1. Das Deutsche Reichsheer.

Gesammtstärke: 1 Garde-Korps und 17 Armee-Korps.
Dieselben sind vertheilt auf:

1. **Preußen** und die kleineren Staaten: 1 Garde-Korps und 11 Armee-Korps (Nr. 1 bis 11);
2. das **Königreich Sachsen**: 1 Armee-Korps (Nr. 12);
3. das **Königreich Württemberg**: 1 Armee-Korps (Nr. 13);
4. das **Großherzogthum Baden**: 1 Armee-Korps (Nr. 14);
5. **Elsaß-Lothringen** als Reichsland: 1 Armee-Korps (Nr. 15);
6. das **Königreich Bayern**: 2 Armee-Korps.

Es giebt 5 Armee-Inspectionen:

I. Armee-Inspection: 4., 5. und 6. Armee-Korps;
II. Armee-Inspection: 1., 2. und 9. Armee-Korps;
III. Armee-Inspection: 7., 8., 10. und 12. (Königlich Sächsisches) Armee-Korps;

Die gesammte Landmacht des Deutschen Reiches bildet ein einheitliches Heer, welches in Krieg und Frieden unter dem Befehle des Kaisers steht.

Aufgaben der Flotte:

1. Schutz und Verbreitung des aufstrebenden Seehandels Preußens und Deutschlands auf allen Meeren und Erweiterung seiner Macht und seiner Beziehungen.
2. Vertheidigung der vaterländischen Küsten und Häfen an der Ost- und Nordsee.
3. Entwickelung des eigenen Offensiv-Vermögens nicht bloß zur Störung des feindlichen Seehandels, sondern auch zum Angriff feindlicher Flotten, Küsten und Häfen. –

Aufgaben der Kaiserlichen Marine:

1. Schutz und Vertretung des Seehandels auf allen Meeren;
2. Vertheidigung der vaterländischen Küsten;
3. Entwickelung des eigenen Offensiv-Vermögens.

Das deutsche Küstengebiet wird in zwei Marine-Stationen eingetheilt:

Station der Ost-See (: Kiel :)
Station der Nord-See (: Wilhelmshaven :)

In den Gewässern überseeischer Gebiete unterhält die Marine fünf Stationen.

1. Die ostasiatische Station (: Marine-Lazareth
2. Die australische Station. in Yokohama :)
3. Die ostamerikanische Station.
4. Die westamerikanische Station.
5. Die Mittelmeer-Station.

(: Auf auswärtigen Stationen befinden sich zur Zeit, 1. Octbr. 82. (nicht heimischen Gewässern :)
14 Schiffe mit 132 Geschützen und 3150 Mann Besatzung. :)

Die Stationen der Kriegsschiffe zerfallen in einheimische und auswärtige Stationen.
Die zwei ersteren sind die Gebiete der Ost- und Nordsee; von den letzteren bestehen augenblicklich fünf.

IV. Armee-Inspection: 3., 11., 13. (Württembergisches) und die 2 Bayerischen Armee-Korps;
V. Armee-Inspection: 14. und 15. Armee-Korps.

Jede Armee-Inspection steht unter einem General-Inspecteur.

Das gesammte Deutsche Reichsheer zählt:

161 Infanterie-Regimenter,
19 Jäger-Bataillone und 1 Schützen-Bataillon,
93 Kavallerie-Regimenter,
37 Feld-Artillerie-Regimenter,
14 Fuß-Artillerie-Regimenter,
3 Fuß-Artillerie-Bataillone,
19 Pionier-Bataillone,
1 Eisenbahn-Regiment und 1 Eisenbahn-Kompagnie (Bayerische),
18 Train-Bataillone und 1 Train-Kompagnie (Großherzoglich Hessische).

2. Die Kaiserliche Marine.

Die **Kaiserliche Marine** dient zur Vertheidigung der vaterländischen Küsten und zum Schutze des Seehandels. Sie besteht aus einer großen Zahl von **Kriegsschiffen** ~~und ihrer Bemannung, aus 1 See-Bataillon 2c.~~

Abzeichen der See-Offiziere und Matrosen-Unteroffiziere.

Die **See-Offiziere** tragen dunkelblaue Hosen, zur Parade mit breiten goldenen Tressen, einen dunkelblauen Rock mit goldenen Tressen auf den Aermelaufschlägen, Epauletts oder Achselstücke, eine Mütze mit Goldtresse oder einen dreieckigen Hut mit goldener Verzierung und einen Schleppsäbel in lederner Scheide mit metallenem Beschlag.

1. Admirale.

Sie tragen Epauletts mit dicken goldenen Raupen oder breite goldene und silberne Achselstücke.

Auf den Epauletts und Achselstücken hat
der Admiral 2 Sterne, der Vice-Admiral 1 Stern, der Kontre-Admiral keinen Stern.

Auf den Aermelaufschlägen trägt
der Admiral 1 breite und 2 schmale goldene Tressen, der Vice-Admiral 1 breite und 1 schmale goldene Tresse, der Kontre-Admiral 1 breite goldene Tresse.

2. Stabsoffiziere.

Sie tragen Epauletts mit dicken goldenen Frangen oder breite silberne Achselstücke. Auf denselben hat
der Kapitain zur See 2 Sterne, der Korvetten-Kapitain keinen Stern.

Auf den Aermelaufschlägen trägt
der Kapitain zur See 4 goldene Streifen, der Korvetten-Kapitain 3 goldene Streifen.

3. Kapitain-Lieutenants.

Sie tragen Epauletts mit dünnen goldenen Frangen oder schmale silberne Achselstücke.
Auf denselben: 2 Sterne. Auf den Aermelaufschlägen: 2 goldene Streifen.

4. Lieutenants zur See.

Sie tragen Epaulets mit dünnen goldenen Frangen oder schmale silberne Achselstücke.
Auf den Achselstücken: 1 Stern. Auf den Epaulets: kein Stern. Auf den Aermelaufschlägen: 1 goldener Streifen.

5. Unterlieutenants zur See.

Sie tragen einfache Epaulets oder schmale silberne Achselstücke.
Auf denselben: kein Stern. Auf den Aermelaufschlägen: 1 ganz schmaler goldener Streifen.

Die **Matrosen-Unteroffiziere** tragen als Chargen-Abzeichen auf dem linken Oberarm ein Rad oder einen Anker oder 2 gekreuzte Kanonenröhre.

XVI. Terrain-Kenntniß.

Terrain nennt man die Oberfläche des **Erdbodens mit allen** darauf befindlichen unbeweglichen Gegenständen. **Man unterscheidet:**

1. offenes oder freies Terrain,
2. bedecktes Terrain,
3. durchschnittenes oder coupirtes Terrain.

Ein offenes oder freies Terrain ist ein solches, in welchem Nichts die freie Uebersicht und die Bewegung der Truppen hindert.

Bedeckt heißt ein Terrain, in welchem Waldungen, Wohnplätze, Höhen, Baumgärten rc. die freie Bewegung und Uebersicht beschränken, die Deckung dagegen erleichtern.

Durchschnittenes oder coupirtes Terrain wird eine von Gräben, Gewässern, Sümpfen, Schluchten rc. durchzogene Gegend genannt. Es erschwert die freie Bewegung.

Erhebungen und Vertiefungen.

Die Erhebungen des Bodens sind nach ihrem Umfange Hügel, Höhen oder Berge.

Terrainwellen sind wellenförmige Terrainerhebungen.

An Höhen rc. unterscheidet man den Fuß, die Abhänge und die Kuppe (Gipfel).

Thäler, Gründe, Schluchten sind Vertiefungen des Bodens.

Gewässer und Weichland.

Die Gewässer zerfallen in

1. stehende: Tümpel, Pfuhle, Teiche, Seen;
2. fließende: Bäche, Flüsse und Ströme.

Die Oberfläche eines Gewässers heißt der Wasserspiegel, die Vertiefung, in welcher ein Gewässer fließt, das Bett.

Die Begrenzung der Gewässer nennt man Ufer. Bei fließenden Gewässern unterscheidet man das rechte und das linke Ufer derselben. Steht man mit dem Gesicht nach der Richtung, wohin das Wasser fließt, so ist rechts das rechte, links das linke Ufer.

Das Weichland zerfällt in: Sümpfe, Moräste, Moore, Brüche und Wiesen.

Die Liste d. k. Kriegsschiffe und Kriegsfahrzeuge weist zur Zeit die nachfolgenden Schiffs-Klassen und Größen auf. (: 1. 10. 82 :)

A. Schlacht-Schiffe.

7 Panzer-Fregatten.
6 Panzer-Corvetten.

B. Kreuzer.

11 gedeckte Corvetten.
10 Glattdecks-Corvetten.
5 Kanonenboote (: Albatross-Klasse :)
5 Kanonenboote 1. Klasse.

C. Küstenvertheidigungs-Fahrzeuge.
(: Fahrzeuge zur Küstenvertheidigung :)

1 Panzer-Fahrzeug
13 Panzer-Kanonenboote.
11 Torpedo-boote.
3 Minenleger
1 Kanonenboot 2. Klasse.

D. Avisos

8 Avisos verschiedener Größe.

E. 2 Transport-Fahrzeuge.

1. Matrosen-Division zu 4 Matrosen-Abtheilungen
und 1 Matrosen-Artillerie-Abth. (: 2 Comp. :)

Schiffsjungen-Abtheilung (: Friedrichsort :)

1. Werft-Division zu 2 Abtheilungen.
1. Abth. (: Maschinisten- :)
2. " (: Handwerker- :)

See-Bataillon zu 6 Compagnien.
(: 4 Comp. in Kiel
2 " in Wilhelmshaven :)

p. p.

<u>Zur Marine-Station der Nord-See gehören:</u>

2. Matrosen-Division.
2. Werft-Division.

p. p.

Der Kieler Hafen und Wilhelmshaven sind Reichskriegshäfen.
Die Flagge der Kriegs- und Handels-Marine ist schwarz-weiß-roth.

<u>Notiz:</u> Die 4. Abtheilung zerfällt in 2 Compagnien,
in eine Einjährigen-Comp. +
" " mehrjährigen-Comp.

Bewachsung.

Die Beholzung des Bodens (Laub- oder Nadelholz) zerfällt der Ausdehnung nach in Wälder (Waldungen, Forsten), Gehölze und Gebüsch.

Schonungen sind junge Waldanpflanzungen.

Offene Stellen im Walde werden Waldblößen und die regelmäßigen Durchschläge in Forsten Wildbahnen genannt.

Unterholz nennt man das in einem Walde stehende kleinere Holz, niedriges Strauchwerk Gestrüpp.

Der Rand oder Saum des Waldes rc. wird Lisiere genannt.

Wege, Canäle und Brücken.

Die Wege zerfallen in Kunststraßen (Eisenbahnen und Chausseen), in Landstraßen, Landwege, Feld- und Fußwege.

Hohlwege sind tief eingeschnittene Wege.

Canäle sind Gräben, welche Flüsse oder Ströme verbinden.

Die Brücken zerfallen in: stehende von Stein, Holz oder Eisen und in schwimmende, aus Kähnen oder Fähren bestehend.

Wohnplätze.

Gebäude (von Holz, Fachwerk oder massiv) liegen einzeln oder sind zu Ortschaften vereinigt (Gehöfte, Dörfer, Flecken, Städte).

Umfassungen: Mauern, Hecken, Gartenzäune, Wälle rc.

Defileen.

Defileen sind Verengungen des gangbaren Terrains, z. B. Schluchten, Hohlwege, Dämme, Brücken, Straßen durch dichte Wälder und Dörfer u. s. w.

XVII. Orientirung im Terrain.

Der Soldat kommt in die Lage, sich orientiren, d. h. sich in einer unbekannten Gegend zurecht finden zu müssen.

Die Mittel, durch welche man sich nach den Weltgegenden orientiren kann, sind:

1. Die Sonne. — Die Sonne steht
im Osten um 6 Uhr Morgens,
im Südosten um 9 Uhr,
im Süden um 12 Uhr,
im Südwesten um 3 Uhr Nachmittags,
im Westen um 6 Uhr Abends.

Will man sich nach dem Stande der Sonne orientiren, so muß man wissen, welche Zeit es ist.

2. Der Mond. — Der Mond steht
als Vollmond (der Mond erscheint als eine erleuchtete runde Scheibe)
um 6 Uhr Abends im Osten,

um 12 Uhr Nachts im Süden,
um 6 Uhr Morgens im Westen;

als erstes Viertel (die rechte Hälfte der Mondscheibe ist erleuchtet)

um 6 Uhr Abends im Süden,
um 12 Uhr Nachts im Westen;

als letztes Viertel (die linke Hälfte der Mondscheibe ist erleuchtet)

um 12 Uhr Nachts im Osten,
um 6 Uhr früh im Süden.

3. Der Polarstern. — Ist ein sicheres Mittel, sich in einer sternenhellen Nacht zu orientiren, indem er stets die Richtung nach Norden zeigt.

Man findet den Polarstern am gestirnten Himmel, wenn man die hintere Achse des großen Bären (a b) in der Richtung auf den kleinen Bären verlängert.

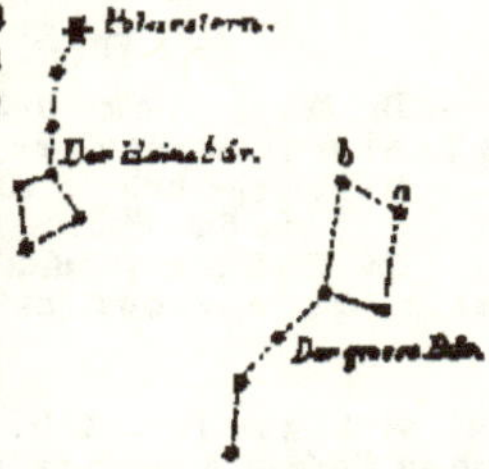

Es giebt noch andere Orientirungsmittel, die aber nicht immer zuverlässig sind:

1. Auffindung der sogenannten Wetterseite (Nordwest).
   a) Die Rinde freistehender Bäume ist an der Wetterseite gröber und dicker, auch mehr mit Moos bedeckt, als an den übrigen Seiten.
   b) Große Feldsteine sind an der Wetterseite oft mit dünnem Moos bewachsen.
2. Weinspaliere liegen fast immer gegen Süden oder Südosten.
3. Bei Kirchen, besonders bei älteren, liegt gewöhnlich der Altar im Osten, der Thurm im Westen des Gebäudes.

XVIII. Schätzen der Entfernungen.

Die Uebungen im Schätzen der Entfernungen sind für den Soldaten von großer Wichtigkeit. Er muß die Fertigkeit erlangen, bis zu 450 Meter Strecken möglichst richtig abzuschätzen.

Das Schätzen der Entfernungen kann auf 2 verschiedene Arten betrieben werden.

1. Schätzen nach den verschiedenen Merkmalen, die man am Gegner erkennt.

Diese Art des Schätzens beruht darauf, daß mit der wachsenden Entfernung die kleineren Körpertheile und Ausrüstungsgegenstände des Gegners dem Auge mehr und mehr entschwinden.

Allgemeine gültige praktische Regeln, bis zu welchen Entfernungen man die verschiedenen Merkmale noch erkennt, lassen sich aber nicht aufstellen, weil das Sehvermögen der einzelnen Leute verschieden ist und die deutliche Erkennbarkeit des Gegners wesentlich von der Beleuchtung abhängt.

Vorzuziehen ist die folgende Art des Schätzens.

2. Schätzen auf dem Terrain selbst.

Das Schätzen geschieht, indem man die Strecke zwischen dem Standort und dem betreffenden Gegenstande oder eine seitlich liegende gleich große Linie, die im Terrain scharf hervortritt (Waldsaum, Straße rc.), in mehrere gleiche Abschnitte zerlegt und den zunächst liegenden Abschnitt möglichst genau nach Metern abschätzt. Das doppelte, dreifache, vierfache rc. dieses Abschnittes giebt dann die ganze Entfernung.

Die Uebungen beginnen mit dem Schätzen kurzer Strecken und erst wenn der Soldat hierin einige Sicherheit gewonnen hat, wird zu größeren übergegangen.

Um unbekannte Entfernungen verläßig abschreiten zu können, muß der Mann das Verhältniß seines gewohnheitsmäßigen Schrittes zum Meterschritt kennen, also wissen, mit wie viel Schritten er eine Strecke von 100 Meter Länge zurücklegt. Das Schrittbemessen geht den eigentlichen Uebungen im Schätzen der Entfernungen voran.

XIX. Felddienst.

A. Das Gefecht.

Das Gefecht ist ein Kampf mit Waffen und sein Zweck: die Ueberwältigung des Gegners, also der Sieg. Der Gefechtszweck wird erreicht durch den Angriff oder die Vertheidigung.

Den Kampf führt man entweder mit der Feuerwaffe (Feuergefecht) oder mit der blanken Waffe (Bajonettattacke). Der Gefechtsordnung nach giebt es geschlossene und zerstreute Fechtart.

I. Gefecht in geschlossener Ordnung.

Es zerfällt in:

1. Das Feuergefecht. — Das Feuer in geschlossener Ordnung wird angewendet

1) in der Vertheidigung gegen geschlossene Angriffe des Gegners,
2) nach einer gelungenen Bajonettattacke, um den fliehenden Feind durch Feuer zu verfolgen.

Die feuernde Abtheilung befindet sich in Linie oder in Kolonne (viergliedriges Feuer).

Es giebt 2 Arten des Feuers in geschlossener Ordnung: die Salve und das Schnellfeuer.

2. Die Bajonettattacke. — Sie führt vorzugsweise die Entscheidung herbei, wird in Kolonne ausgeführt und durch die Schützen unterstützt.

II. Das zerstreute Gefecht.

1. Vom zerstreuten Gefecht im Allgemeinen.

1. Die zerstreute Fechtart hat den Vortheil, daß sie dem Einzelnen erlaubt:

1) von der Waffe den ausgedehntesten Gebrauch zu machen,
2) sich durch Benutzung jedes Terraingegenstandes gegen das feindliche Feuer zu decken.

2. Der Soldat, welcher zum zerstreuten Gefecht verwendet wird, heißt Schütze. Je 2 Schützen bilden eine Schützenrotte. Eine zum zerstreuten Gefecht verwendete Sektion bildet eine Schützengruppe, die von einem Unteroffizier geführt wird. Mehrere Schützengruppen bilden eine Schützenlinie unter Leitung eines Offiziers.

Die zur Unterstützung der Schützenlinie hinter derselben aufgestellten geschlossenen Abtheilungen werden Unterstützungstrupps genannt.

3. Der Schütze muß umsichtig, körperlich gewandt, besonders aber geschickt im Gebrauch der Schußwaffe sein.

2. Bildung der Schützenlinie.

1. Eine zum Gefecht übergehende Kompagnie formirt Kompagnie-Kolonne, welche aus 3 zweigliedrigen Zügen besteht; der Schützenzug ist hinten.

2. Auf das Signal oder auf das Kommando: Schwärmen! löst sich gewöhnlich gleich ein ganzer Zug auf. Das Ausschwärmen geschieht aus dem Halten in lebhaftem Schritt, beim Vorgehen der Kompagnie im Trabe. Die Schützen bewegen sich so lange fort, bis der zu deckende Raum eingenommen ist oder das Kommando oder Signal „Halt!“ erfolgt.

3. *Wird im Zurückgehen geschwärmt*, so macht der dem Feinde zunächst stehende Zug Front und zieht sich auf der Grundlinie von der Mitte rechts und links auseinander.

4. *In der Verlängerung schwärmen.* — Je nachdem befohlen ist, setzt sich der ausschwärmende Zug rechts oder links neben den bereits aufgelösten Zug.

5. *Offensiv- und Defensivflanke bilden.* — Eine *Offensivflanke* entsteht, wenn die Flanke einer Schützenlinie vorgebogen ist.

Bildung einer linken Offensivflanke.

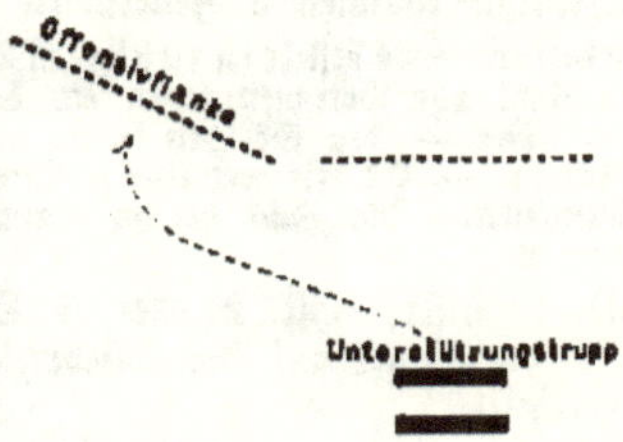

Defensivflanke nennt man die zum Schutz gegen feindliches Umfassen rückwärts gebogene Flanke einer Schützenlinie.

Bildung einer rechten Defensivflanke.

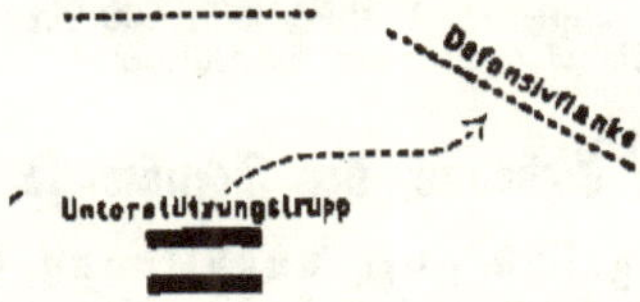

3. Bewegungen einer Schützenlinie.

1. Die Bewegungen der Schützen geschehen nach den Umständen in raschem, lebhaftem Schritt oder in schnellem Laufe.

Das *sprungweise Vorgehen* besteht darin, daß die Schützen nach Durchlaufen einer Strecke von 60 bis 80 Schritten sich niederwerfen, um zu feuern, und nach kurzer Pause die Bewegung in dieser Art fortsetzen.

Zum sprungweisen Vorgehen erfolgen die Kommandos: *Auf! — Marsch! Marsch! — Halt! — Nieder!*

2. Der Schütze muß sich frei und ungezwungen bewegen. Er trägt während der Bewegung das Gewehr flach in der rechten Hand oder unter dem Arm.

Bei den Bewegungen außerhalb des Bereichs des feindlichen Feuers kommt es hauptsächlich nur auf Erhaltung der Ordnung und des Zusammenhangs, bei den Bewegungen innerhalb desselben aber auch noch darauf an, daß der einzelne Schütze die Vortheile, welche das Terrain ihm bietet, ausnutze, um sich dem feindlichen Feuer möglichst zu entziehen.

4. Feuer der Schützenlinie.

In der Schützenlinie kommen 3 Feuerarten zur Anwendung:

1. Schützenfeuer. — Es besteht in ruhigem Verschießen einer bestimmten Zahl von Patronen gegen ein bezeichnetes Ziel.
2. Schwarmsalve. — Die Schützen feuern auf Kommando.
3. Schnellfeuer. — Es erfordert eine größere Patronenzahl, als das Schützenfeuer. Die Zahl der zu verschießenden Patronen wird angegeben.

Es wird mit 1 Visir, mit 2 oder 3 Visiren geschossen. 2 Visire werden in der Regel auf die Glieder, 3 auf die Züge einer Kompagnie vertheilt.

Kommandos zum Schützenfeuer, zur Schwarmsalve und zum Schnellfeuer.

z. B. „Auf die Schützen! Kleine Klappe! 2 Patronen Schützenfeuer!"
„Auf die Kolonne! Visir 400 Meter! Fertig zur Salve! Legt — an! ꝛc."
„Auf die Batterie! 1. Glied Visir 600 Meter, 2. Glied Visir 700 Meter! 5 Patronen Schnellfeuer!"

5. Gebrauch der Schußwaffe.

1. Eine möglichst gute Ausbildung des Schützen ist für den erfolgreichen Gebrauch der Schußwaffe im Gefecht erforderlich.

Der Schütze muß die Fertigkeit besitzen:

1) das Terrain zweckmäßig zu benutzen,
2) rasch und sicher das bestimmte Visir einzustellen,
3) gut zu zielen,
4) ruhig abzudrücken.

2. Im Gefecht kommt es darauf an, zu treffen. Der Schütze darf seinen Schuß nur dann abgeben, wenn er das Ziel erfaßt hat,

er glaube nicht, daß er die vor Beginn des Feuers bestimmte Zahl von Patronen verschießen muß, selbst wenn er das Ziel nicht sieht. Schlechtes Schießen ist unnütze Munitionsverschwendung.

3. Bei der Schwarmsalve ist es von Wichtigkeit, daß der Schütze erst dann abdrückt, sobald das Kommando: „Feuer!" erfolgt. Beim Schnellfeuer muß der Schütze schnell laden und schnell, aber auch gut zielen.

3. Im Gefecht läßt der Schütze unter Anwendung des entsprechenden Visirs das Ziel grundsätzlich aufsitzen. Nur beim Schießen gegen Ziele von halber Mannshöhe und darunter wird bis 200 Meter mit dem Standvisir unter das Ziel gehalten, und zwar bis 75 Meter eine scheinbare Kopfhöhe, von 75—200 Meter zwei scheinbare Kopfhöhen.

6. Benutzung des Terrains.

Die Benutzung des Terrains muß ein Hauptaugenmerk des Schützen sein. Es kann ihm dienen:

1. durch An- oder Auflegen des Gewehrs sicherer zu schießen;
2. sich selbst gegen das feindliche Feuer zu decken.

Hat der Schütze die Wahl unter mehreren deckenden Gegenständen, so wählt er den vortheilhaftesten.

1. Starke Bäume. — Man schießt knieend oder stehend mit möglichst zurückgenommener rechter Schulter. Der linke Unterarm wird gegen den Baum gelehnt und auf ersteren das Gewehr gelegt.
2. Erhöhungen. — Der Schütze geht nicht weiter hinauf, als nöthig ist, um darüber hinweg feuern zu können. Muß der Schütze seinen Schuß stehend abgeben, so tritt er, sobald er geschossen hat, wieder zurück oder legt sich zum Laden nieder.
3. Vertiefungen. — Der Schütze legt sich entweder nieder, kniet oder steht. Der nach dem Feinde zu liegende Rand wird zum Auflegen des Gewehrs benutzt.
4. Mauern. — Haben diese die gewöhnliche Anschlagshöhe, so legt der Schütze das Gewehr auf. Falls sie höher sind, so wird schnell aus Steinen, Erde rc. ein erhöhter Auftritt gemacht.
5. Getreide, Buschwerk rc. bieten keinen Schutz und können nur dazu dienen, den Schützen dem feindlichen Auge zu entziehen. Nach jedem Schuß muß der Platz zum Laden gewechselt werden, weil der Feind unter den aufsteigenden Rauch zielen wird.
6. In der Ebene werden vorhandene Furchen, Düngerhaufen rc. benutzt. Auch wird sich der Schütze selbst mit den

Händen durch Zusammenscharren von Erde eine kleine Deckung und damit zugleich eine Auflage für das Gewehr schaffen können.

7. Verhalten des Schützen bei der Vertheidigung, beim Angriff und beim Rückzug.

a. Vertheidigung.

1. In der einzunehmenden Stellung angelangt, werfen sich die Schützen, wo ihre Deckung dies erfordert, nieder, suchen rasch geeignete Plätze und wählen sich diejenige Lage, in der sie am bequemsten schießen können.
2. Der Schütze hat darauf zu achten, daß der Standpunkt dem feindlichen Feuer so wenig als möglich ausgesetzt ist, aber auch ein freies Schußfeld bietet.
3. Er erwartet mit Ruhe das Andringen des Feindes, als auch das Kommando des Führers.
4. Jeder einzelne Schütze muß, gleichwie sein Blick auf den Feind gerichtet ist, das Ohr stets für die Befehle des Gruppenführers und Zugführers in Spannung halten. Seine Aufmerksamkeit muß also eine nach vor- und rückwärts getheilte sein.

b. Angriff.

1. Beim Vorgehen in den bezeichneten Terrainabschnitt ist der Feind unausgesetzt zu beobachten, um sofort zu bemerken, ob man sich nicht dessen Auge und Feuer bloßstelle.
2. Der Schütze muß die Vortheile ausnutzen, welche das Terrain ihm bietet, um auch während der Bewegung sich dem feindlichen Feuer möglichst zu entziehen.
3. Müssen Schützen, um aus einem Terrainabschnitt in einen andern zu gelangen, über eine im feindlichen Feuer liegende freie Fläche vorgehen, so wird diese in schnellem Laufe überschritten.
4. Während des Vorgehens wird in der Regel nur gefeuert, wenn es die Unterstützung eines diesseitigen Bajonett-Angriffs gilt. Ist die Unterhaltung des Feuers in der Bewegung nothwendig, so werden durch die Gruppenführer einzelne Leute bezeichnet, welche ihren Schuß abgeben sollen.

Schützenanlauf.

Man wendet ihn an, um schneller eine Entscheidung herbeizuführen, als es durch Feuer möglich ist.

Auf ein gegebenes Zeichen schweigt das Feuer, Alles läuft so schnell wie möglich vor und stürzt sich mit kräftigem Hurrah auf den Feind. Gelingt der Angriff, so wird der abziehende Feind beschossen.

c. Rückzug.

1. Der Rückzug muß mit der größten Ruhe und Ordnung ausgeführt werden. Ein geordnetes Zurückgehen wird dem Feinde Achtung einflößen, ein fluchtartiges Zurücklaufen ist schimpflich.
2. Terraingegenstände, welche die Zurückgehenden dem Auge des Feindes entziehen, sind zur Deckung zu benutzen.
3. Damit das Zurückgelangen in die neue Aufstellung nicht verzögert wird, gehen die Schützen im lebhaften Schritt zurück.
4. Drängt der Feind heftig, so werden vom Gruppenführer einzelne Leute namhaft gemacht, welche einen Schuß abzugeben haben.

8. Verhalten der Schützen gegen Kavallerie.

1. Bei der Annäherung feindlicher Kavallerie verbleiben die Schützen in der Regel in ihrer Stellung, namentlich wenn das Terrain ihnen Deckung gewährt. Sie nehmen auf das Signal: Achtung! oder den Zuruf: Kavallerie! sofort das Visir 400 Meter.

2. Folgt dem Signal: Achtung! das Signal: Kolonne formirt!, so bilden die Schützen einer Kompagnie, wenn sie den Unterstützungstrupp nicht rechtzeitig erreichen können, um ihren Führer ein Knäuel.

9. Kenntniß der Signale.

Der Schütze muß die beim zerstreuten Gefecht vorkommenden Signale genau kennen. Es giebt:

A. Benennungs-Signale.

Sie dienen zur Bezeichnung der verschiedenen Abtheilungen.

1. Das Ganze bei mehr als einer Kompagnie.
2. Erstes Bataillon } eines Regiments.
3. Zweites Bataillon } eines Regiments.
4. Füsilier- (drittes) Bataillon } eines Regiments.
5. Erste (fünfte, neunte) Kompagnie.
6. Zweite (sechste, zehnte) Kompagnie.
7. Dritte (siebente, elfte) Kompagnie.
8. Vierte (achte, zwölfte) Kompagnie.
9. Avant- und Arrieregarde oder überhaupt Entsendete.
10. Unterstützungstrupps oder überhaupt die geschlossene Abtheilung.

B. Ausführungs-Signale.

Sie theilen den einzelnen Abtheilungen mit, was ausgeführt werden soll.

1. Marsch. (Antreten.) — Sehr rasch geblasen, Bewegung im Trabe.
2. Halt.
3. Schwärmen. (In eine Schützenlinie sich auflösen.)
4. Feuern.
5. Stopfen. (Einstellen des Feuers.)
6. Im Marsch: Halb rechts. — Von der Stelle: Rechts um, Marsch.
7. Im Marsch: Halb links. — Von der Stelle: Links um, Marsch.
8. Rechts schwenkt. (Linke Schulter vor.)
9. Links schwenkt. (Rechte Schulter vor.)
10. Gerade aus.
11. Sammeln.
12. Ruf.
13. Rasch zurück.
14. Langsam zurück.
15. Achtung. — Zeichen, daß Kavallerie sich nähert.
16. Achtung, darauf folgend Kolonne formirt. — Das Zeichen zur Bildung des Karrees.
17. Seitengewehr pflanzt auf.
18. Seitengewehr an Ort.

B. Marschdienst.

1. Eintheilung der Märsche.

Die Märsche zerfallen in:

I. **Friedensmärsche.** Diese sind entweder

Reisemärsche, bei welchen es sich bloß um Zurücklegung einer bestimmten Entfernung mit möglichster Schonung der Truppen handelt, oder

Uebungsmärsche, welche den Zweck haben, die Truppen marschfähig zu machen und den Marschdienst zu lehren.

II. **Kriegsmärsche.** Bei diesen müssen die Truppen auf einen Zusammenstoß mit dem Feinde vorbereitet sein.

Vorbereitungen zum Marsch.

Die Vorbereitungen zu einem Ausmarsch bestehen:

1. in Instandsetzung des Marschanzuges;
2. in Reinigung und Kräftigung des Körpers.

Instandsetzung des Marschanzuges. 1. Der Soldat hat sorgfältig alle die Sachen nachzusehen, welche er auf dem Marsche anlegen und mitnehmen soll, und vorhandenen Schäden rechtzeitig abzuhelfen. Beim Ausmarsch müssen Waffen, Bekleidungs- und Ausrüstungsstücke sämmtlich im besten Zustande sein.

2. Die größte Sorgfalt ist auf das Schuhzeug zu legen. Von dem Zustande desselben hängt die Marschfähigkeit des Infanteristen ab. Der Fuß muß entweder in einem Strumpfe oder Fußlappen ruhen.

Die Stiefel müssen gehörig passen. Sind sie zu groß, so werden durch das Hin- und Herschieben des Fußes einzelne Stellen wund gerieben oder es entstehen Blasen. Zu kurzes Schuhzeug erzeugt sehr bald Schmerzen an den Zehen.

Der Fußlappen ist ordentlich umzulegen. Fußlappen werden am besten aus weicher, gebrauchter Leinwand gefertigt. Das Beschmieren mit Talg ist wohl in der kühleren Jahreszeit, indeß nicht während des Sommers zu empfehlen.

3. Der Tornister ist des Abends vorher zweckmäßig zu packen und darf mit keinen überflüssigen Sachen beschwert werden. Als Regel gilt, daß die weichen Gegenstände, z. B. Wäsche, nach dem Rücken, die Stiefel oder Schuhe an den Seiten und diejenigen Sachen, welche

dem Soldaten zum täglichen Gebrauch nöthig sind, wie Putzgeräth und Waschzeug, oben auf zu liegen kommen.

Reinigung und Kräftigung des Körpers. 1. Vor dem Ausmarsch muß der Soldat sich gehörig waschen. Besonders sind die Füße gründlich zu reinigen; gleichzeitig müssen Nägel und Hühneraugen beschnitten werden. Einreiben mit Branntwein stärkt nicht allein die Füße, es schützt auch vor dem Wundlaufen.

Fußkrankheiten entstehen in der Regel aus Nachlässigkeit in der Behandlung der Füße.

2. Durch nöthige Ruhe hat der Soldat seinen Körper zum bevorstehenden Marsch zu kräftigen.

Innere Ordnung auf dem Marsch.

1. Der Ausmarsch erfolgt im Tritt. Erst nach dem Abschlagen durch die Tamboure darf der Soldat ohne Tritt marschiren, das Gewehr nach Belieben auf der rechten oder linken Schulter tragen, ferner sprechen, singen und rauchen.

2. Eine strenge Aufrechthaltung der Marschordnung ist nöthig. Jeder Einzelne geht nur so weit von seinem Vordermann und Nebenmann ab, daß er bequem und ohne Tritt marschiren kann.

Niemand darf seinen Platz in der Kompagnie verlassen und ohne Erlaubniß seines Zugführers austreten. Dem Austretenden wird stets ein Unteroffizier beigegeben.

3. Wird geruht, so muß der Soldat die Zeit dazu benutzen, seine natürlichen Bedürfnisse abzumachen und die etwa verschobenen Fußlappen u. s. w. in Ordnung zu bringen.

4. Wenn die Tamboure anschlagen, wird das Gewehr auf die linke Schulter genommen, die Pfeife weggesteckt und Tritt gefaßt.

Beim Marsch durch Ortschaften muß sich der Soldat besonders ermannen und nicht durch schlaffe Haltung Müdigkeit kund geben.

Gesundheitsregeln.

1. Der Soldat muß vor dem Ausmarsch Etwas genießen, jedoch den Durst reizende Nahrungsmittel vermeiden.

2. Er hat zum Marsch ein Stück Brod mitzunehmen und die Feldflasche mit kaltem Kaffee oder mit Wasser und Essig zu füllen. Anstatt dessen kann der Soldat auch etwas Branntwein, noch besser mit Wasser verdünnt, bei sich führen.

Mäßig genossen, stärkt der Branntwein den Körper. Der übermäßige Genuß, besonders bei großer Hitze, ist dagegen schädlich.

3. Beim Rendez-vous darf sich der Soldat nicht auf die Erde setzen oder legen, wenn der Erdboden feucht oder kalt ist.

4. Ein Trunk kalten Wassers in erhitztem Zustande schadet, wenn nicht gleich weiter marschirt wird.

Bei großer Hitze wird auf Märschen ein berittener Offizier in die Ortschaften, welche passirt werden, vorausgeschickt, um das Bereitstellen von Trinkwasser in Gefäßen an der Straße zu veranlassen.

Beim Trinken ist Hauptsache, daß man nicht plötzlich große Mengen kalten Wassers auf einmal in den Magen stürzt, sondern häufiger und in kleineren Mengen trinkt.

5. Um sich nicht zu erkälten, darf der Soldat, sobald er in erhitztem Zustande ins Quartier kommt, nicht sogleich trinken, die Kopfbedeckung abnehmen, sich entkleiden oder waschen. Zur Vermeidung von Zugluft hat er die Fenster zu schließen. Erst nach völliger Abkühlung wird eine Reinigung des Körpers vorgenommen.

6. Wundlaufen. Hat sich am Fuße eine Blase gebildet, so muß der Soldat einen Faden durchziehen, aber nicht die Blasenhaut mit abreißen. — Wunde Stellen bedeckt man mit einem dünn gestrichenen Talglappen.

Beim Wundlaufen am Gesäß hilft Kühlen mit kaltem Wasser und Einreiben mit Talg.

7. Marodewerden. Man nehme dem Soldaten das Gepäck ab, öffne Rock und Kragen, gönne ihm einige Ruhe, erquicke ihn auch durch einen Schluck Branntwein oder durch etwas Wasser mit Essig.

8. Ohnmacht. Dem Ohnmächtigen ist zunächst das Gepäck abzunehmen, Waffenrock und Halsbinde zu öffnen. Man besprenge oder wasche ihm sodann das Gesicht mit kaltem Wasser, flöße ihm etwas Wasser oder Branntwein ein und gebe ihm, wenn er wieder zu sich gekommen ist, ein mit Branntwein befeuchtetes Stück Brod zu essen.

9. Hitzschlag. — Merkmale: Der Soldat schwitzt stark, sein Kopf fühlt sich heiß an, der Puls geht sehr schnell, das Athmen ist beschleunigt, das Herz klopft, der Mann spürt Beklemmung auf der Brust und hat das Gefühl zum Umsinken und Ohnmächtigwerden, die Hände sind geschwollen, das Gesicht fängt an blau zu werden, andere Male sieht es strotzend roth aus, die Beine zittern.

Behandlung: Man bringe den Kranken bis zur Ankunft des Arztes möglichst an einen schattigen und kühlen Ort, entferne alle beengenden Kleidungsstücke, lagere ihn mit erhöhtem Oberkörper, wasche ihm Kopf und Brust, oder schlage ihn, wenn möglich, in nasse Tücher ein und flöße ihm nach und nach reichlich Wasser ein.

Quartiermachen.

1. Um die Einquartierungs-Angelegenheiten in den Marschquartieren zu ordnen, wird von jedem Bataillon 1 Fourier-Offizier, von jeder Kompagnie 1 Fourier-Unteroffizier mit einigen Fourierschützen (Gemeinen) einen Tagemarsch vorausgeschickt.

2. Der Dienst der Fourierschützen der Kompagnie besteht darin:

1) daß sie nach den Anordnungen des Fourier-Unteroffiziers die Quartiere besichtigen;
2) daß sie dem Fourier-Unteroffizier behülflich sind, den Appellplatz, das Arrestlocal, das Wachtlocal u. s. w. für die Kompagnie auszusuchen und die Quartierbillets korporalschaftsweise zu ordnen;
3) daß sie die Lebensmittel, wenn solche aus Magazinen empfangen werden, den Wirthen rechtzeitig zum Kochen bringen, damit die Mannschaften bei ihrer Ankunft das Essen bereits zubereitet finden.

3. Gegen die Zeit des wahrscheinlichen Eintreffens der Kompagnie erwarten die zurückgebliebenen Fourierschützen dieselbe vor dem Eingange des Ortes und übergeben dem Hauptmann die Quartierliste und Quartierbillets des Fourier-Unteroffiziers.

4. Trennt sich eine Kompagnie vom Bataillon, so muß ein Fourierschütze derselben so weit entgegengehen, daß sie rechtzeitig und ohne Umwege zu machen von der Hauptstraße abbiegt.

5. Die an Marschtagen zurückgebliebenen Fourierschützen folgen den am Morgen bereits vorangegangenen, sobald sie sich ihres Auftrages entledigt haben.

Verhalten der Mannschaft bei Eisenbahnfahrten.

1. Das Einsteigen erfolgt auf Signal oder Kommando still und ordnungsmäßig. Die Tornister werden unter die Sitze gelegt.

Die zur Aufsicht in den einzelnen Coupees bestimmten Unteroffiziere oder Gefreiten nehmen ihre Plätze unmittelbar an der Wagenthür ein.

2. Während der Fahrt haben die Mannschaften das Gewehr zwischen den Beinen und den Helm auf den Knieen. Der Leibriemen darf aufgehakt werden. Auf den Halte-Stationen dürfen die Gewehre auf die Bänke gelegt oder in die Ecken gestellt werden.

3. Das Tabackrauchen ist nur in den Personen-Wagen gestattet, das Ausklopfen der Pfeifen und Abstreichen der Cigarren im Wagen aber verboten. Sobald der Fußboden wegen Kälte mit Stroh belegt ist, unterbleibt das Rauchen.

4. Während der Fahrt ist verboten: Arme oder Kopf aus den Wagen zu stecken, laut zu schreien oder zu lärmen. Vor dem gegebenen Signal oder Kommando darf auf den Stationen nicht ausgestiegen werden. Das Aussteigen geschieht still und mit Ordnung durch die Thüren, welche nach dem Perron zu geöffnet sind.

5. Wird das Signal oder Kommando zum Einsteigen gegeben, so hat sich jeder Mann sofort in sein Coupee zu begeben und Platz zu nehmen.

6. Die Eisenbahn-Wache besetzt auf den Stationen, wo gehalten wird, die Zugänge mit Posten und hat die Ordnung aufrecht zu erhalten.

7. Kurz vor dem Eintreffen am Bestimmungsorte ist der Anzug in Ordnung zu bringen.

2. Kriegsmärsche.

Marschordnung.

Da man jeden Augenblick auf einen Zusammenstoß mit dem Feinde vorbereitet sein muß, ist auf Kriegsmärschen die strengste Aufrechthaltung der Ordnung nöthig. Alle Erleichterungen fallen fort. Die Truppen müssen stets schlagfertig sein.

Sicherheitsdienst auf dem Marsch.

Jede in der Nähe des Feindes marschirende Truppe sichert sich durch Avantgarde, Arrieregarde und Seitendeckungen.

1. **Avantgarde** nennt man die zur Deckung der Front vorgeschickte Abtheilung.
2. **Arrieregarde** heißt die zur Deckung des Rückens bestimmte Abtheilung.
3. **Seitendeckungen** werden die zur Deckung der Flanken seitwärts geschobenen Abtheilungen genannt.

Die Sicherheitstruppen haben stets das Gewehr geladen.

Marsch-Sicherungen.

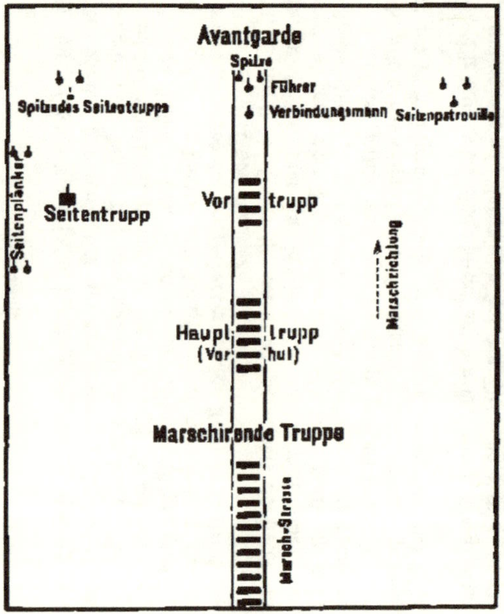

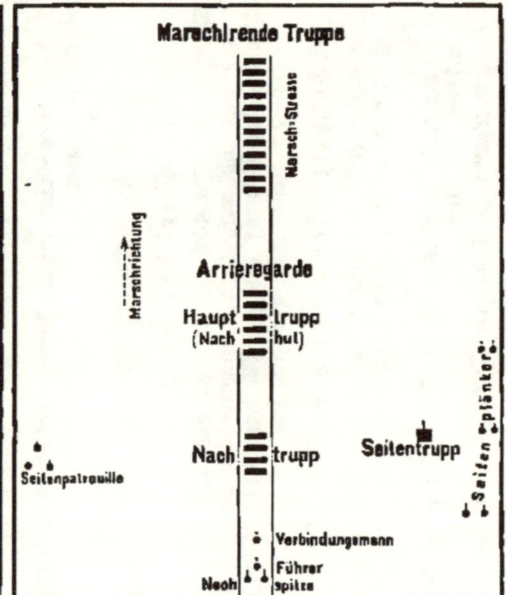

a. Avantgarde.

Zweck der Avantgarde ist:

1. das Terrain aufzuklären;
2. den Feind zeitig zu entdecken und zu melden;
3. ihn, falls er angreift, so lange aufzuhalten, bis die Hauptabtheilung gefechtsbereit ist.

Die Avantgarde wird eingetheilt in:

Spitze,
Vortrupp,
Haupttrupp (Vorhut),
Seitenpatrouillen oder Seitentrupps.

Bei größeren Avantgarden tritt noch hinzu: das Gros der Avantgarde.

Ganz kleine Avantgarden, die nicht über 1 Zug Infanterie stark sind, bilden nur eine Spitze und keinen besonderen Vortrupp.

1. **Die Spitze.** Die Spitze besteht aus 3 Mann und 1 Unteroffizier oder Gefreiten als Führer. 2 Mann marschiren vorn, der dritte Mann sorgt für die Verbindung mit dem Vortrupp. Der Führer befindet sich in der Regel bei den beiden vorderen Leuten.

Der Verbindungsmann hat die beiden vordersten Leute durch Zeichen, Pfeifen oder Zurufen zu benachrichtigen, wenn der Vortrupp hält, oder sie zu weit von demselben abgekommen sind.

In vielen Fällen, namentlich bei Nacht und in bedecktem Terrain, besteht die Spitze aus einer Sektion.

Die Entfernung der Spitze vom Vortrupp beträgt im Allgemeinen 200 Schritt.

Die Mannschaften der Spitze tragen das Gewehr wie in der Schützenlinie. Sie gehen dreist und munter vor und richten die gespannteste Aufmerksamkeit auf jeden Terraingegenstand, welcher den Feind verbergen könnte. Alles Wichtige wird zeitig gemeldet und zwar stets von dem Manne, welcher das zu Meldende selbst gesehen hat. Die Meldung muß kurz, deutlich, vor Allem wahr sein.

Das Absuchen. Das Absuchen ist der wichtigste Dienst der Spitze. Es darf jedoch nur kurze Zeit wegnehmen, um den Marsch der Hauptabtheilung nicht aufzuhalten.

Bei Hohlwegen und Schluchten gehen die beiden vorderen Leute auf den Rändern derselben rechts und links, während der Verbindungsmann seinen Weg durch den Hohlweg oder die Schlucht nimmt.

Führt der Weg über eine Anhöhe, so ersteigt 1 Mann dieselbe, der andere bleibt unten, bis der erste ein Zeichen giebt, daß Nichts vom Feinde zu sehen ist.

Eine Brücke, an welche die Spitze kommt, wird in ihrer Haltbarkeit geprüft. Sodann gehen die beiden vordersten Leute über dieselbe und suchen alle vorwärts gelegenen Gegenstände bis auf einige 100 Schritt genau ab. Der Verbindungsmann bleibt während dessen vor der Brücke halten und folgt erst auf das verabredete Zeichen.

Einem bewohnten Orte nähert sich die Spitze vorsichtig, 1 Mann geht an das nächste Haus und sucht eines Einwohners habhaft zu werden, welcher zum Führer des Vortrupps gebracht und von diesem als Geißel während des Absuchens behalten wird.

Zum vollständigen Absuchen eines Ortes, bei welchem der Vortrupp die Spitze unterstützt, gehört, daß Patrouillen den Ort nicht nur in seiner ganzen Breite durchstreifen, sondern auch zu beiden Seiten außerhalb umgehen.

Um waldiges Terrain abzusuchen, wird von der Spitze und dem Vortrupp eine Schützenlinie gebildet, welche Verbindung haltend hindurchgeht.

Reisende oder Landeseinwohner, welchen die Spitze begegnet, werden nach Nachrichten vom Feinde befragt und zum Vortrupp gebracht.

Verhalten gegen den Feind. Bemerkt die Spitze in der Ferne den Feind, so wird derselbe in Bezug auf Stärke, Truppengattung, Marschrichtung und Entfernung beobachtet und nach genauer Prüfung von dem Wahrgenommenen Meldung an den Vortrupp gemacht; die Spitze bleibt währenddessen mit gespanntester Aufmerksamkeit im Marsch.

Stößt die Spitze plötzlich auf den Feind, so wird sofort ein Signalschuß abgegeben und gemeldet, sonst aber hat die Spitze das Schießen möglichst zu vermeiden, um sich und die Anwesenheit der Truppen nicht zu verrathen.

2. Der **Vortrupp** folgt der Spitze auf etwa 200 Schritt und soll dieselbe unterstützen, wenn ihre Kräfte zur Absuchung der an der Straße gelegenen Terraingegenstände nicht ausreichen.

3. **Seitenpatrouillen** oder **Seitentrupps.**—Seitenpatrouillen (von mindestens 3 Mann) entsendet der Führer des Vortrupps, wenn sich seitwärts der Straße kleine abzusuchende Terraingegenstände befinden oder wenn das Seitenterrain unübersichtlich wird.

Reichen Seitenpatrouillen nicht aus, so werden vom Vortrupp oder, wenn dieser nicht stark genug ist, vom Haupttrupp Seitentrupps entsendet, die sich möglichst in gleicher Höhe mit dem Vortrupp bewegen. Sie schieben eine Spitze vor sich und sichern sich in der äußeren Flanke nach Bedarf durch Seitenplänker oder Seitenpatrouillen.

4. Der **Haupttrupp (Vorhut)** folgt dem Vortrupp in der Regel auf 300 bis 500 Schritt.

Den Vorposten fallen im Allgemeinen zwei Aufgaben zu:

I. Aufklärung der Verhältnisse beim Feinde,

II. Sicherung der dahinter ruhenden Truppen.

/: d. h. dem hinterstehenden Gros unter allen Umständen die Zeit zu verschaffen, gefechtbereit werden zu können :/

b. Arrieregarde.

1. Bei einem sicheren Vormarsch besteht die Arrieregarde nur aus einem kleinen Nachtrupp, welcher den Zweck hat, das Zurückbleiben von Nachzüglern (Marodeurs) und Kranken zu verhindern und die Nachschaffung derselben möglichst zu bewirken.
2. Bei einem Rückzuge hat die Arrieregarde die Bestimmung: den Feind von Verfolgung abzuhalten; ihm Hindernisse zu schaffen durch Abbrechen der Brücken ꝛc.; das nicht fortzuschaffende Kriegsmaterial unbrauchbar zu machen.
3. Die Arrieregarde wird eingetheilt in:
   Nachspitze,
   Nachtrupp,
   Haupttrupp (Nachhut),
   Seitenpatrouillen oder Seitentrupps, wo es das Terrain erfordert.

Die Spitze des Nachtrupps verhält sich im Allgemeinen wie die eines Vortrupps. Selbstverständlich fällt das Absuchen fort, weil das Terrain schon von den eigenen Truppen passirt ist.

c. Seitendeckungen.

Diese bestehen aus Seitenpatrouillen, Seitentrupps und Seitendetachements.

Der Seitenpatrouillen und Seitentrupps, welche zur Avant- und Arrieregarde gehören, ist schon Erwähnung gethan.

Hat die vor- oder rückmarschirende Kolonne nicht nur den Feind vor sich oder hinter sich, sondern auch feindliche Kräfte seitwärts zu befürchten, so wird die Entsendung eines Seitendetachements nach der gefährdeten Seite nothwendig.

C. Vorpostendienst.

1. Zweck der Vorposten.

Vorposten sind schlagfertige Abtheilungen, welche zur Sicherheit der ruhenden Truppen gegen den Feind aufgestellt sind.

Sie sollen:

1. die Annäherung des Feindes frühzeitig entdecken und melden,

2. den angreifenden Feind zurückwerfen oder wenigstens so lange aufhalten, bis die lagernden Truppen schlagfertig sind.

Die Vorposten stehen unter dem Befehl des Vorposten-Kommandeurs.

2. Eintheilung der Vorposten.

Die Vorposten sind in folgender Weise gegliedert:

1. Feldwachen, welche Posten und Examinirtrupps ausstellen und Patrouillen entsenden;
2. Pikets (Trupps zur Unterstützung oder zur Aufnahme);
3. Gros der Vorposten.

Hinter dem Gros der Vorposten befinden sich die lagernden Truppen mit den verschiedenen Wachen.

3. Die Posten einer Feldwache und ihr Standort.

Es giebt Doppelposten und einfache Posten.

1. **Doppelposten.** Die Posten zunächst dem Feinde sind sämmtlich doppelt, damit der Posten, wenn ein Mann zum Melden geht, nicht entblößt ist.

Eine zusammenhängende Reihe von Doppelposten heißt: Postenlinie oder Postenkette.

Die Doppelposten erhalten eine solche Aufstellung, daß sie:

1) am Tage eine weite Uebersicht nach vorn und seitwärts haben;
2) möglichst gedeckt stehen.

Die Entfernung der Doppelposten von der Feldwache beträgt ungefähr 400 Schritt.

Beim Einbruch der Dunkelheit zieht man die Posten von den Höhen an den diesseitigen Fuß zurück. Standen sie an Wegen und Uebergängen, so stellt man sie auf dieselben.

2. **Einfache Posten.** Einfach sind der Posten vor dem Gewehr und die etwa nöthigen Verbindungsposten zwischen der Feldwache und Postenlinie.

4. Verhalten ~~und Pflichten der Doppelposten.~~

a. Im Allgemeinen und insbesondere bei Tage.

1. Der Hauptzweck jedes Postens ist:

1) die Feldwache gegen einen unvermutheten feindlichen Angriff zu sichern;

Auf folgende Fragen muß jeder Mann Bescheid zu geben wissen:

1. Was weiß man vom Feinde?
2. Was von der Stellung der eigenen Vorposten?
3. Wohin führen die Wege die man sieht?
   /: Namen der nächsten Ortschaften :/
4. Namen der Vorgesetzten.
5. Vertheidigungsstellung der Feldwache.

Alles, was die Posten in Bezug auf den Feind wahrnehmen, meldet ein Mann an die Feldwache; ist Gefahr im Verzuge oder mit Sicherheit ein feindlicher Angriff erkannt, so schießt der Posten.

2) alles Wichtige nach dem Feinde zu möglichst schnell zu melden.

Um ihre Bestimmung zu erfüllen, müssen die Posten sehr aufmerksam sein.

2. Die Doppelposten legen das Gepäck nicht ab und stehen in der Regel mit Gewehr über. Kein Posten macht Honneurs; er läßt sich in seiner Wachsamkeit durch die Anwesenheit von Vorgesetzten nicht stören, er meldet nicht, sondern beantwortet nur etwa gestellte Fragen.

3. Jeder Posten hat seine Nummer (Nr. 1 auf dem rechten Flügel) und wird genau instruirt. Er muß wissen:

1. von wo der Feind zu erwarten ist;
2. die Nummer seines Postens, sowie den Standort und die Nummer seiner Nebenposten;
3. den Standort des Examinirtrupps und der Feldwache;
4. den Namen des Kommandeurs der Feldwache und des Vorposten-Kommandeurs;
5. der genauen Meldung wegen die Namen der vorliegenden Terraingegenstände (Ortschaften, Wege, wohin sie führen u. s. w.).

4. In der Postenkette dürfen sich nur aufhalten: die directen Vorgesetzten und deren Begleitung, sowie die zur Feldwache gehörenden Ablösungen und Patrouillen.

5. **Ein- und Auspassiren.** Außer an dem vom Kommandeur der Feldwache bestimmten Durchlaßpunkt darf ohne alle Ausnahme Niemand, weder von innen, noch von außen her, die Postenkette passiren. Wer es versucht, wird von dem betreffenden Posten mit „Halt" gestellt und, ohne weiter examinirt zu werden, nach dem Doppelposten gewiesen, hinter welchem der Examinirtrupp steht. Dieser Doppelposten nöthigt ebenfalls mit „Halt" zum Stehen und ruft den Examinirtrupp herbei.

Wer auf „Halt" nicht steht oder überhaupt der Anweisung des Postens nicht Folge leistet, auf den wird geschossen.

6. **Mündliche Meldung an die Feldwache.** Alles Wichtige oder Bemerkenswerthe vor der Postenlinie wird gemeldet, z. B. Truppenbewegungen, Schießen, Pferdegetrappel, Rasseln von Fuhrwerk, aufsteigender Rauch oder Staub, Brennen von Gebäuden u. s. w.

Die Meldung muß bestimmt und vor Allem wahr sein. Betrifft sie Truppen, so muß

| die Waffengattung;
| die Stärke;
| die Entfernung;
| die Marschrichtung

gemeldet werden, z. B.

Meldung vom Doppelposten Nr. 3.
Auf dem Wege von Schönau nach Falkenhayn marschirt eine Abtheilung Kavallerie, ungefähr 1 Escadron stark.

Zu Meldungen darf sich immer nur 1 Mann entfernen.

7. **Meldung durch den Schuß.** Marschirt eine feindliche Abtheilung gerade auf die Postenlinie zu, so schießt der Posten, selbst bei großer Entfernung. Der Schuß soll nur die Postenlinie und Feldwache von der Annäherung des Feindes benachrichtigen.

Der Mann, welcher geschossen hat, meldet der Feldwache sofort die Ursache des Schusses. Droht Gefahr, so wird dies durch schnelles Hintereinanderschießen gemeldet.

Auf einzelne feindliche Patrouillen wird nur dann geschossen, wenn ein sicherer Schuß abgegeben werden kann.

Fällt ein Schuß bei einem Nebenposten, ohne daß man die Veranlassung weiß, so patrouillirt 1 Mann des Postens dahin.

b. Bei Nacht.

1. Bei Nacht ist doppelte Wachsamkeit und Vorsicht nöthig. Die Posten müssen sich hauptsächlich auf das Gehör verlassen.

Zur Sicherung vor jeder Ueberraschung bei Nacht dient das Anrufen der Posten und das Abfordern der Losung und des Feldgeschreis.

Die Losung ist ein Doppelwort, z. B. Knopf — loch.

Das Feldgeschrei ist ein Taufname, z. B. Wilhelm.

2. **Das Anrufen.** Alles, was sich dem Posten nähert, wird mit „Halt" gestellt und, ohne weiter examinirt zu werden, nach dem Doppelposten gewiesen, hinter welchem der Examinirtrupp steht. Dieser Doppelposten nöthigt ebenfalls mit „Halt" zum Stehen und benachrichtigt alsdann den Examinirtrupp.

Von Ablösungen und Visitirpatrouillen nähert sich ein Mann dem Posten und giebt seine Anwesenheit durch ein Zeichen zu erkennen. Der Posten stellt ihn mit einem leisen „Halt" und fordert Losung und Feldgeschrei.

Hierzu ruft der Posten, wenn dies noch erforderlich: „Ein Mann vor!" — „Halt! — Losung!", giebt selbst, wenn die Losung richtig war, die Gegenlosung und sagt: „Näher heran!" und etwa 10 Schritte vor der Gewehrmündung: „Halt! — Feldgeschrei!"

Losung und Feldgeschrei sind so leise als möglich zu geben. Ist die Losung und Feldgeschrei richtig, so wird zur Ablösung geschritten oder die Patrouille setzt ihren Weg fort.

Erhält der Posten auf zweimaliges „Halt" keine Antwort oder ist Losung und Feldgeschrei falsch, dann wird geschossen.

Regiments-Befehl vom 15. Mai 1884. Nr 1047.

Nachdem ich einzelnen Uebungen der Bataillone im Vorposten-Dienst beigewohnt habe, und mich im Wesentlichen mit der Handhabung dieses Dienstes einverstanden erklären kann, bestimme ich behufs gleichmäßiger Ausführung einiger Formalitäten noch Folgendes:

1. Posten nehmen die Hacken nur zusammen, wenn sie von einem Vorgesetzten angeredet werden. Wenngleich dieselben ihre Aufmerksamkeit fortgesetzt nur auf den Feind zu richten haben, so ist nicht ausgeschlossen, daß sie einen Vorgesetzten, der sie anredet, ansehen und ebenso, wenn sie dem Vorgesetzten etwas im Vorterrain zu zeigen haben, Kopf und Hand dahin wenden.

2. Die beiden Leute eines Doppelpostens müssen so nahe nebeneinanderstehen, daß sie leise miteinander sprechen können.

3. Der Posten vor Gewehr ist grundsätzlich so nahe bei den Gewehren aufzustellen, daß er Alles controlliren kann, was sich den Gewehren nähert.

4. Sämmtliche Patrouillen haben auf der Meldung den ihnen begegnenden Vorgesetzten Meldung zu erstatten. —

gez. Flogge.

3. **Das Patrouilliren.** Um ein Durchschleichen feindlicherseits zu verhüten, beginnt mit dem Dunkelwerden das Patrouilliren der Posten unter sich. Ein Mann geht abwechselnd zum Nebenposten. Hierbei wird nur bei der ersten Begegnung Losung und Feldgeschrei gegeben, später nur der Name genannt.

c. Beim feindlichen Angriff.

Bei einem feindlichen Angriff verhalten sich die Posten ganz wie Schützen. Werden die Posten zurückgedrängt, so ziehen sie sich, Schritt für Schritt und fortwährend schießend, um die Flügel der Feldwache zurück, um diese in der Feuerwirkung nicht zu behindern.

Weicht der Feind, so nehmen die Posten wieder ihre alte Stellung ein.

5. Examinirtrupp.

An einem durch die Stellung der Feldwache führenden größeren Verkehrswege steht stets ein Doppelposten und hinter diesem, etwa 20 bis 25 Schritt, der Examinirtrupp in der Stärke von 1 Unteroffizier und etwa 4 Mann. Sein Zweck ist:

die gemeldeten Personen auf das Genaueste auszuforschen.

6. Posten vor dem Gewehr.

1. Der Posten vor dem Gewehr ist zur Sicherheit der Feldwache aufgestellt und muß so stehen, daß er die Postenlinie, wenigstens einen Theil derselben, übersieht.

2. Er macht keine Honneurs, noch ruft er heraus.

3. Am Tage läßt er die persönlich bekannten Vorgesetzten und Mannschaften der Feldwache frei passiren, alle übrigen Personen werden an den Wachthabenden gewiesen. Bei Nacht ruft der Posten ebenso, wie die Posten in der Postenlinie an. Das weitere Verhalten ist wie bei Tage.

4. Fällt ein Schuß in der Postenlinie oder geht irgend etwas Ungewöhnliches vor, so meldet dies der Posten sogleich dem Wachthabenden.

7. Ablösen der Posten.

1. Die Ablösung, welche in der Regel alle 2 Stunden erfolgt, wird zwar geschlossen, jedoch ohne Tritt nach der Vorpostenlinie geführt. Auf das Kommando:

„Ablösung vor!“

Vorposten-Stellung.

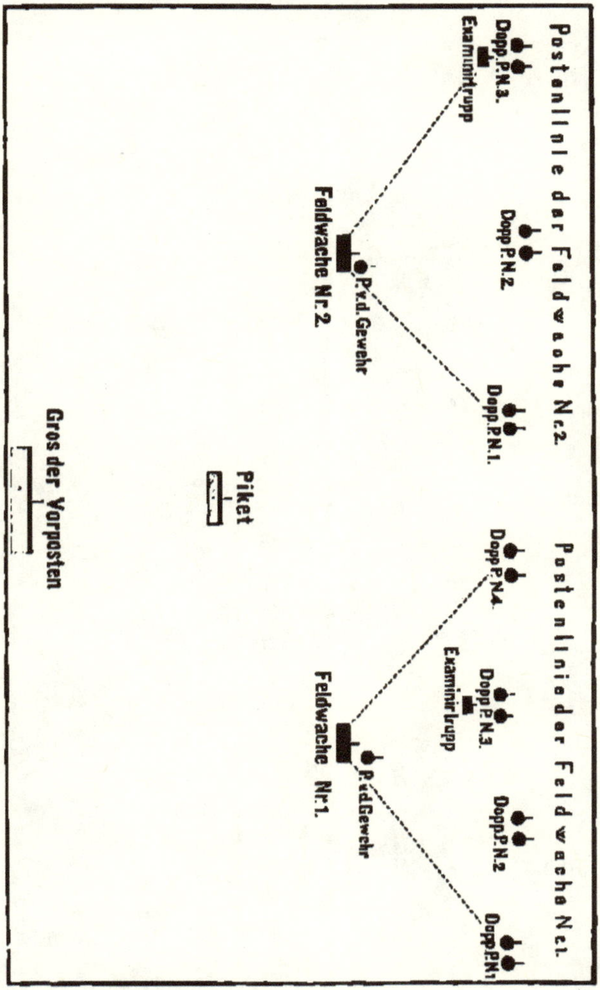

tritt die neue Ablösung rechts neben die alten Posten, Front nach dem Feinde. Von den alten Posten ist alles Nöthige genau zu überliefern.

2. Bei einem feindlichen Angriff zur Ablösezeit unterstützt die Ablösung die Postenlinie.

8. Verhalten auf Feldwache.

1. Auf Wache muß die größte Stille herrschen, besonders des Nachts. Singen und laute Gespräche sind verboten, da hierdurch der Stand der Feldwache verrathen werden könnte.

2. Niemand darf sich ohne Erlaubniß von der Wache entfernen.

3. Bei Tage wird abtheilungsweise gelagert und das Gepäck abgelegt. Ob des Nachts das Gepäck umgehängt bleibt, wird besonders bestimmt.

9. Die Patrouillen einer Feldwache.

Die Patrouillen einer Feldwache sind Visitir- und Schleichpatrouillen.

a. Visitirpatrouillen.

1. Die Visitirpatrouillen, 2 Mann stark, sollen:

1) die Wachsamkeit der Posten prüfen und die Verbindung mit den Nebenfeldwachen erhalten und zugleich
2) das Terrain in unmittelbarer Nähe der Postenlinie durchsuchen.

2. Die Patrouille ruft bei Nacht alles ihr Begegnende an und fordert Losung und Feldgeschrei. Bei bekannten Offizieren meldet sich der Führer, z. B.

Visitirpatrouille der Feldwache des Lieutenants N.

3. Entdeckt die Patrouille einen feindlichen Trupp, so schießt sie sofort. Ein Mann meldet der Feldwache die Veranlassung des Schusses.

Auf eine feindliche Schleichpatrouille wird nicht geschossen, sondern versucht, dieselbe abzuschneiden und gefangen zu nehmen. Glückt dies jedoch nicht und zieht sich die feindliche Patrouille zurück, so darf sie nicht verfolgt werden.

4. Wenn der Führer der Patrouille einen Posten bei einer Pflichtwidrigkeit antrifft, so löst er ihn ab und übergiebt ihn der Feldwache. Kranke Leute werden gleichfalls abgelöst.

5. Bei der Rückkehr zur Feldwache macht der Führer von Allem Meldung, z. B.

Von Visitirpatrouille zurück. Der Füsilier N. vom Posten Nr. 3 wurde krank angetroffen und durch den Füsilier B. abgelöst.

b. Schleichpatrouillen.

Die Schleichpatrouillen, gewöhnlich 3 Mann stark, haben den Zweck:

1. Nachrichten über den Feind einzuziehen,
2. sich Kenntniß von dem vorliegenden Terrain zu verschaffen.

Zu Führern werden gewandte und entschlossene Leute, in der Regel Gefreite bestimmt.

Verhaltungsregeln für den Patrouillenführer. 1. Der Kommandeur der Feldwache ertheilt dem Führer der Patrouille einen ganz bestimmten Auftrag. Den erhaltenen Auftrag — der auf das Beste auszuführen ist — hat sich der Führer genau einzuprägen. Er muß darüber im Klaren sein, was er thun soll. Erscheint ihm irgend Etwas zweifelhaft, so bittet er um Auskunft.

2. Der Führer sieht die Gewehre und Munition der Mannschaft nach und instruirt die Leute.

Die Instruktion hat folgende Punkte zu umfassen:

1. Mittheilung des Auftrages.
2. Bezeichnung der von der Patrouille einzuschlagenden Richtung.
3. Bestimmung eines Sammelplatzes für den Fall einer Zersprengung der Patrouille.

Auch verabredet der Führer mit den Leuten Zeichen (Winken, Nachahmen einer Thierstimme, Schläge an einen Baum, Pfiff).

3. Es ist gut, wenn der Führer mit einer Uhr versehen ist, um sich die wichtigen Zeitpunkte merken zu können, z. B. wann die Patrouille auf den Feind gestoßen ist.

4. Der Führer muß auf seine Mannschaft aufmerksam sein, um sofort zu bemerken, wenn einer seiner Leute, der vielleicht den Feind gesehen hat, ihm ein verabredetes Zeichen giebt.

5. Der Platz des Führers bestimmt sich lediglich nach dem Terrain.

6. Bei der Rückkehr zur Feldwache macht der Führer über das Ergebniß seines Patrouillenganges Meldung. Ueber das ganze Terrain, welches er passirt hat, muß er genaue Auskunft geben können.

Verhalten der Patrouille. 1. Marschform. — Die Marschform der Patrouille hängt von dem Terrain und den Umständen ab. Die Leute gehen oft wie eine Spitze, oft auch nebeneinander oder hintereinander.

2. Vormarsch. — Da die Patrouille sich möglichst gedeckt vorbewegen muß, so wird sie, wenn sie die Wahl hat zwischen

General-Kommando vom 8. Novbr. 1884 No 5588 I

Es ist bei der Instruktion über Felddienst besonders darauf zu verweisen, daß die Angaben über Stärke feindlicher Abtheilungen nicht übertrieben werden. Jeder muß wissen, daß namentlich bei heftigem Staube und Winde eine feindliche Patrouille leicht für eine Schwadron angesehen wird. —

ebenem und coupirtem Terrain, stets das coupirte Terrain wählen. Sie soll aber nicht bloß verdeckt gehen, sie muß vor allen Dingen sehen und beobachten.

Die Patrouille schleicht längs Kornfeldern und Hecken, in Gebüschen, Gräben 2c. vor, freie Strecken werden an der schmalsten Stelle schnell überschritten, Ortschaften sind zu vermeiden. In coupirtem Terrain ist Vorsicht nöthig.

Um den Feind frühzeitig zu entdecken, werden Punkte aufgesucht, die ein freies und doch möglichst gedecktes Umsehen im Terrain gestatten (Höhen, vorspringende Waldecken, hohe Bäume 2c.).

Kleinen feindlichen Patrouillen wird ausgewichen, größere Abtheilungen werden sogleich mit Angabe ihrer Stärke, Waffengattung, Richtung und Entfernung an die Feldwache gemeldet.

3. Schießen. — Schießen darf eine Schleichpatrouille nur zur eigenen Rettung und wenn der Feldwache Gefahr droht. In letzterem Falle wird lebhaft gefeuert.

4. Meldung. — Die Meldung muß kurz, deutlich und wahr sein. Eine wichtige Meldung ist schnell zu überbringen. Der zurückgeschickte Mann hat unterwegs die Nachricht zu verbreiten, diese also allen Abtheilungen 2c., an welchen er vorbeikommt, mitzutheilen.

5. Rückmarsch. — Zum Rückmarsch wählt man gewöhnlich einen andern Weg, damit mehr Terrain abpatrouillirt wird und die Patrouille nicht so leicht Gefahr läuft, in einen Versteck zu gerathen, falls der Feind sie bemerkt und umgangen haben sollte.

D. Unterbringung der Truppen.

Die Truppen werden entweder in Ortschaften untergebracht (Quartiere) oder sie lagern im Freien (Lager, Bivak).

1. Quartiere.

Es giebt Marsch- und Kantonnements-Quartiere.

Marschquartiere sind solche, in welchen die Truppen nur 1 bis 2 Tage bleiben.

Kantonnements-Quartiere sind solche, in welchen einige Zeit verweilt wird.

Verhalten in Marsch- und Kantonnements-Quartieren.

1. Jeder Mann muß wissen: das Quartier des ältesten Offiziers im Orte, des Hauptmanns, des Feldwebels, des Korporalschaftsführers und der Handwerker, ferner den Appell- und Alarmplatz der Kompagnie.

2. Das Quartierbillet ist dem Wirth zu übergeben.

3. Sobald die Mannschaft sich einigermaßen ausgeruht hat, sind Waffen, Bekleidungs- und Ausrüstungsstücke gehörig zu reinigen und in Stand zu setzen.

4. Hinsichtlich der Stubenordnung hat der Soldat im Allgemeinen dasselbe zu beachten, wie in der Garnison. Eine besondere Sorgfalt ist auf die Unterbringung der Gewehre und Munition zu verwenden.

5. In den Quartieren ist mit der gehörigen Vorsicht mit Feuer und Licht umzugehen. In Ställen, Scheunen und auf den Höfen darf nicht geraucht werden.

6. Mit dem Wirth muß der Soldat stets in gutem Einvernehmen bleiben. Unbillige Forderungen dürfen an ihn nicht gestellt werden. Finden sich wirklich begründete Beschwerden und sind ruhige Vorstellungen bei dem Wirth vergeblich, so ist dem Korporalschaftsführer davon Anzeige zu machen.

Verhalten in Quartieren in der Nähe des Feindes.

1. In den Quartieren in der Nähe des Feindes muß das Gepäck fortwährend so geordnet sein, daß es augenblicklich umgehangen werden kann.

2. In der Nacht brennt in jedem Quartier beständig Licht, die Mannschaft bleibt angezogen und wacht 1 Mann, um bei entstehendem Allarm sogleich die Uebrigen wecken zu können.

3. Steht ein Angriff zu erwarten, so beziehen die Leute Allarmhäuser, d. h. die Truppen werden in größeren Abtheilungen in Scheunen, Wagenschuppen u. dergl. untergebracht. Die Leute haben das Lederzeug um und den vollständig gepackten Tornister nahe bei sich.

Vor den Allarmhäusern, in welchen Licht brennen muß, stehen Posten, welche die zusammengesetzten Gewehre zu bewachen und nöthigenfalls die Mannschaft zu allarmiren haben.

4. Bei entstehendem Allarm hängt Jeder eiligst um.

Wachtdienst im Kantonnement.

1. In den Friedens-Kantonnements werden Wachen gegeben, welche die nöthigen Posten ausstellen. Wachen und Posten verhalten sich wie in der Garnison.

2. Für die in Kriegs-Kantonnements aufgestellten Sicherheitswachen und deren Posten gelten die für den Dienst der Feldwachen gegebenen Bestimmungen. Jedoch hängen die Posten auf ihrem Platz das Gepäck ab.

Die inneren Wachen in Kriegs-Kantonnements haben für die innere Ordnung zu sorgen. Sie und ihre Posten verhalten sich wie in der Garnison.

2. Lager.

Werden die Truppen nicht in Quartieren untergebracht, so beziehen sie entweder ein Lager unter freiem Himmel (Bivak) oder, bei längerem Verweilen, ein Hüttenlager.

Verhalten im Bivak.

1. Es wird stets in Kolonne nach der Mitte in Kompagnie-Kolonnen bivakirt.

2. Nachdem die Gewehre zusammengesetzt sind, werden Gepäck und Mantel auf den zum Lagern bestimmten Plätzen abgelegt und die Mützen aufgesetzt. Lederzeug, Seitengewehr und Helm haben ihren Platz auf dem Tornister.

Die 2. Kompagnie lagert rechts, die 3. links neben den Gewehren. Die 1. und 4. Kompagnie lagern hinter den Gewehren.

3. Zur Herbeischaffung der Lagerbedürfnisse (Wasser, Stroh und Holz), sowie zu den nöthigen Lagerarbeiten (Graben der Kochlöcher und Latrinen) werden die erforderlichen Mannschaften kommandirt. Sie rücken unter Befehl eines Offiziers oder Unteroffiziers in größter Ordnung nach den betreffenden Plätzen ab. Jeder thut nur das, wozu er bestimmt ist.

4. Es darf nur in den Kochlöchern gekocht werden.

5. Nachdem der Soldat seine Portion verzehrt hat, muß er sogleich das Kochgeschirr reinigen und auf den Tornister schnallen.

6. Zur Verrichtung der natürlichen Bedürfnisse dürfen nur die Latrinen benutzt werden.

7. Zu jedem Antreten muß der Anzug der Leute reinlich und dienstmäßig sein.

8. Niemand darf sich ohne Erlaubniß aus dem Lager entfernen.

9. Vom Zapfenstreich bis zur Reveille hat sich ein Jeder innerhalb des Lagerplatzes seiner Kompagnie aufzuhalten. Wer nicht schläft, muß ruhig sein, um die Anderen nicht zu stören.

Wachtdienst im Lager.

1. Es werden aufgestellt:
   1) zur Absperrung des Lagers und zum Schutz gegen Ueberraschung durch feindlichen Angriff
      Lagerwachen in der Front,
      Flankenwachen auf den Flanken,
      Brandwachen im Rücken;
   2) zur Aufsicht innerhalb des Biwaks
      innere Wachen (Fahnenwachen).
2. Es stellt aus:

Die Lagerwache	2 Doppelposten, rechts und links der Wache, etwa 100 Schritt vorgeschoben;
	1 Posten vor dem Gewehr.
Die Brandwache Die Flankenwache	} Posten, wie bei der Lagerwache.
Die Fahnenwache	1 Posten vor der Fahne, welcher zugleich Posten vor dem Gewehr ist.
	1 Posten vor dem Bataillons-Kommandeur und den Fahrzeugen (nach Erforderniß auch vor dem Regiments-Kommandeur).

Verhalten der Posten der Lager-, Brand- und Flankenwachen.

1. Für das Verhalten der Posten der Lager-, Brand- und Flankenwachen gelten in jeder Beziehung die für den Dienst der Posten einer Feldwache gegebenen Bestimmungen. Jedoch hängen die Posten auf ihrem Platz das Gepäck ab. Sie stehen sämmtlich mit der Front nach außen, den Rücken dem Lager zugewendet. Das Passiren der Postenlinie, sowohl von innen, als von außen her, darf nur bei den Wachen selbst stattfinden. Bei Tage dürfen die Posten Offiziere und Kommandos des eigenen Lagers durchlassen. Jeder Andere und jeder bei Nacht Ankommende, mit alleiniger Ausnahme der Offiziere vom Dienst, wird zur Wache gewiesen und hier examinirt.

Biwak eines Bataillons.

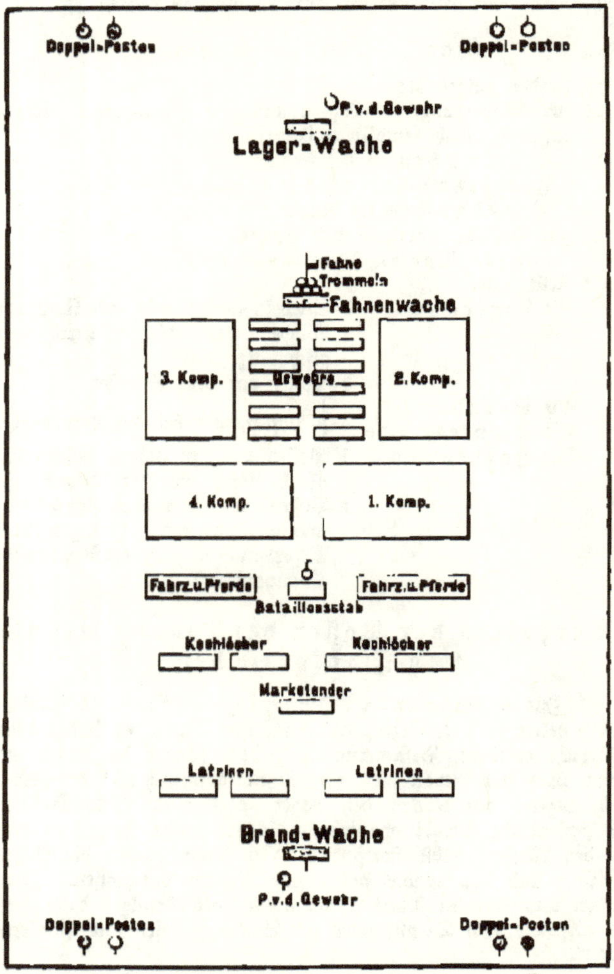

2. Die Posten haben genau auf das zu achten, was bei den Vorposten vorgeht. Jeder ungewöhnliche Vorfall ist sofort an die Wache zu melden. Zeigt sich etwas Feindliches, so wird augenblicklich geschossen.

Verhalten der Posten der Fahnenwachen.

Für das Verhalten der Posten der Fahnenwachen gelten alle Vorschriften des Garnison-Wachtdienstes.

XX. Schluß.

Kriegs-Artikel 55. Von dem Ehr- und Pflichtgefühl der Soldaten wird erwartet, daß sie fort und fort ihre Pflichten treu und gewissenhaft erfüllen, durch ehrenhafte Führung in und außer dem Dienste ein Muster ordentlichen und rechtschaffenen Lebens geben und nach Kräften dazu beitragen werden, den guten Ruf des Heeres im In- und Auslande zu bewahren.

1. Die unmittelbaren Vorgesetzten des Soldaten.

(Auf die punktirten Linien ist der Name, nöthigenfalls auch noch die Charge der betreffenden Vorgesetzten zu schreiben.)

Der kommandirende General.

Seine Excellenz Generalleutnant von Stiehle

Der Divisions-Kommandeur.

Seine Excellenz Generalleutnant von Alvensleben.

Der Gouverneur des Garnisonortes.

Seine Excellenz ÷

Der ~~Kommandant oder~~ Garnison-Aelteste.

Oberst von Massow

Der Brigade-Kommandeur.

General-Major von Wittich

Der Regiments-Kommandeur.

Oberst von Massow

Der Bataillons-Kommandeur.

Major Schilling

Der Kompagnie-Chef.

Hauptmann Lanrin.

Die Offiziere der Kompagnie.

Premier-Lieutenant Engler

Seconde-Lieutenant von Falkenhayn

Seconde-Lieutenant Könnecke

Die Unteroffiziere der Kompagnie.

Feldwebel	Streckenbach	Unteroffizier	Kattner
Vice-Feldwebel	Hellwig	"	Reich
Portepeefähnrich	Semerák		Glied
Sergeant	Feist	"	Kempa
"	Kassner	"	Bunke
"	Imann	"	Jürschke
"	Goeldner	"	Brodda

2. Die Truppentheile der Division, zu welcher der Soldat gehört.

(Die punktirten Linien sind zur Eintragung der Truppentheile bestimmt.)

10. Division.

19. Infanterie-Brigade.
- 1. Westpr. Grenad.-Regt. No. 6.
- 1. Niederschl. Inftr.-Regt. No. 46.

20. Infanterie-Brigade.
- Westfäl. Füsilier-Regt. No. 37
- 3. Niederschl. Inftr.-Regt. No. 50.
- Inftr.-Regt. No. 99.

10. Kavallerie-Brigade.
- 2. Leib-Husaren-Regt. No. 2
- Westpreuß. Ulanen-Regt. No. 1.

Unterweisung

für das

Verhalten des Infanteristen im Gefecht

von

A. v. Boguslawski,
Oberstlieutenant.

Berlin 1882.
Ernst Siegfried Mittler und Sohn
Königliche Hofbuchhandlung
Kochstraße 69. 70.

Die französische Infanterie. Fortsetzung.

z. B. gleich bei der Einübung der Chargirung wird dem Manne neben den Grundsätzen des Distanz-Schätzens eingeprägt, daß er bei Entfernungen bis zu 250 m mit dem Visir z. B. zu zielen hat. —

Der Soldat muß unausgesetzt seine ganze Aufmerksamkeit auf seinen Gruppenführer richten. —

Ein Kavallerie-Angriff kann von den Schützen in jeder Form angenommen werden; jede Bewegung aber, die Zeitverlust und Unruhe mit sich bringt, ist zu vermeiden. —

Jeder Befehl ist von demjenigen, der ihn überbringen soll, wörtlich zu wiederholen. —

Italienische Infanterie.

Die Instruktion im Schießen ist die wichtigste, welche dem Soldaten ertheilt wird; derselben muß die größte Sorgfalt gewidmet werden.

Neben den Schieß-Uebungen laufen die Ziel-Uebungen und die Uebungen im Distance-Schätzen her, denen eine große Sorgfalt zugewendet wird. —

Zielen, in allen Lagen und im Terrain, entschlossen abdrücken und mit Patronen

Den Ziel-Uebungen ist besonderer Fleiß zuzuwenden. —

Wer abdrückt, ohne den Feind zu sehen oder wenn derselbe außer Schußweite steht, oder mit Uebereilung und ohne zu zielen feuert, ist ein feiger Mensch, ein schlechter Soldat. —

Vorbemerkung.

Indem ich mit dieser „Unterweisung für das Verhalten des Infanteristen im Gefecht", die ursprünglich nur als Manuscript gedruckt und in dem 2. Bataillon Grenadier-Regiments Nr. 6 an Stelle der in der Armee verbreiteten Unterrichtsbücher in Gebrauch genommen war, in die Oeffentlichkeit trete, folge ich dem mir mehrfach ausgesprochenen Wunsch, dieselbe weiteren Kreisen zugänglich zu machen.

Trotz vielfacher während des letzten Jahrzehnts in Abfassung der Unterrichtsbücher gemachten Fortschritte kann die Lösung dieser, trotz ihrer scheinbaren Unbedeutendheit, schwierigen Aufgabe nicht als abgeschlossen betrachtet werden.

Neben allgemeiner Faßlichkeit, Klarheit und Einfachheit ist eine passende Gliederung des Stoffes und eine dem Auffassungsvermögen des Soldaten angemessene Abfassung Hauptbedingung.

Häufig aber wird dem Soldaten noch in einer Beziehung zu viel, in anderer zu wenig geboten.

Als ein Zuviel erscheint es z. B., wenn taktische Einzelheiten, Formationen, welche der Mann auf dem Exerzirplatz lernt, oder wenn die Angelegenheiten der Führung in dem Unterricht breit behandelt werden; als zu wenig, wenn über die Verhältnisse des Ernstgefechts, deren Ueberlieferung man gerade, je länger der Frieden dauert, um so lebendiger festhalten muß, leicht hinweggegangen wird, oder dieselben gar nicht erwähnt werden.

Dem Manne einfache faßliche Kampfesregeln, gewissermaßen die Grundgesetze und das Bild des Ernstgefechts, kurz vor Augen stellen und ihm von den Pflichten der Führung nur das mittheilen, was ihn absolut angeht, das erscheint mir als das Haupterforderniß des theoretischen Unterrichts.

Dies der erste Gesichtspunkt, von dem ich ausgegangen bin. Der zweite besteht darin, dem Vorgesetzten die Ertheilung des Unterrichts möglichst zu erleichtern, denn es gilt als eine alte feststehende Erfahrung in der Truppe, daß gerade in dem Unterricht über das Gefecht es der Mehrzahl der Unterrichtenden große Schwierigkeiten bereitet, den Faden des Themas und eine passende Eintheilung festzuhalten. Auch hierzu soll die Gliederung in kleine Abschnitte und nummerirte Sätze beitragen, sie soll die Stellung der Frage und die Antwort erleichtern, sie soll dem Lehrer einen Anhalt geben, die einzelnen Sätze je nach seiner Individualität und nach der Fassungsgabe seiner Mannschaft weiter auszuführen, sie applikatorisch zu gestalten und durch Beispiele zu belegen.

Daß diese kleine Arbeit einer ganz anderen Gattung angehört als meine früheren militärischen Schriften, brauche ich wohl kaum zu bemerken, indeß hat sie mit einem großen Theil derselben gemein, daß sie aus unmittelbarer Erfahrung geschöpft ist.

Neben dem scharfen Drill und der Vervollkommnung der technischen Seiten der Ausbildung muß es immer wieder versucht werden, einen Fortschritt auf dem Verstandesgebiet und in der Vorbildung des Charakters der Mannschaft für den Kampf zu machen — und hierzu einen Beitrag zu liefern, kann für Niemanden als eine zu geringe Aufgabe gelten.

Posen, Juli 1882.

Unterweisung

für das

Verhalten des Infanteristen im Gefecht.

1. Die Infanterie hat vor den anderen Waffengattungen voraus, daß sie sich unter allen Verhältnissen und in jedem Gelände, auf der Ebene, im Gebirge, im Walde, in Dörfern und Städten, in durchschnittenem und freiem Gelände schlagen kann und zwar sowohl im Angriff als in der Vertheidigung.

Die Gefechtsformen.

2. Die Infanterie kämpft hauptsächlich in zerstreuter Ordnung.
3. Die geschlossene Ordnung dient meistentheils nur zum Anmarsch in das Gefecht; auch wird sie hin und wieder im Gefecht selbst angewendet, insbesondere häufig bei Nacht, bei Ueberraschungen, gegen Reiterei. Auch befinden sich die Truppen in zweiter und dritter Linie in geschlossener Ordnung.
4. Die Schützenlinie besteht aus Zügen, Gruppen und den Schützenrotten.
5. Zwischen den Zügen und Gruppen bleiben einige Schritt Abstand, welche je nach der Oertlichkeit vergrößert oder verkleinert werden.
6. Der Zug, welcher die Richtung hat, heißt der Richtungszug; die Gruppe, welche die Richtung

hat, die Richtungsgruppe; die Rotte, welche die Richtung hat, die Richtungsrotte.

7. Den nächsten geschlossenen Trupp hinter den Schützen nennt man den Unterstützungstrupp.

Pflichten der Zug- und der Gruppenführer.

8. Die Zugführer, Halbzugführer und die Gruppenführer haben die Verpflichtung, das Feuer möglichst zu leiten.

9. Deshalb wird von ihnen das Ziel, die Entfernung, das Visir und die Feuerart bestimmt.

10. Zur besseren Beherrschung des Feuers wird von den Zugführern eine Anzahl Patronen bestimmt — gewöhnlich zwischen 3 bis 5 — nach deren Verschießen eine Feuerpause eintritt.

11. Diese Feuerpause soll dazu dienen, den Dampf abziehen zu lassen, Unruhe und Wildheit der Leute zu beschwichtigen, einen etwaigen neuen Befehl aufzunehmen. Sie muß auch auf den Pfiff aus der Signalpfeife sofort eintreten.

12. Die Zug- und Gruppenführer sind ferner verpflichtet, ihre Abtheilungen richtig aufzustellen, sie richtig vor- und zurückzuführen.

Haltung und Bewegung des Schützen für seine Person.

13. Der Schütze bewegt sich leicht und ungezwungen und im munteren Schritt.

14. Soll er sich im Trabe bewegen, so wird es besonders befohlen oder das entsprechende Signal gegeben.

15. Das Gewehr wird von dem Schützen entweder in der rechten Hand mit hoch gerichteter Mündung oder unter dem rechten Arm mit gesenkter Mündung getragen. Im Laufen kann es mit hochgehaltenem rechten Arm getragen werden.

16. Der Schütze muß niemals die Verbindung mit seinen Nebenleuten verlieren, er muß auf die Marschrichtung der Schützenlinie stets aufmerksam sein und dieselbe innehalten.

Feuerarten und Feuerdisziplin.

17. Man unterscheidet:
    Schützenfeuer;
    Schnellfeuer der Schützen;
    Schwarmsalven (Salven der Schützen);
    Liniensalven (Salven geschlossener Abtheilungen);
    Schnellfeuer aus der geschlossenen Masse.
18. Nach den Entfernungen theilt man das Feuer ein in Nahfeuer, von der Gewehrmündung bis 400 m, Fernfeuer, von 400 bis 700 m. Zum Feuern über 700 m wird nur unter ganz besonderen Verhältnissen der Befehl ertheilt.
19. Der Soldat soll mit dem Feuer sparen, weil man sich mit dem schnellschießenden Gewehr auch schnell verschießen kann.
20. Das Feuer muß auf den Wirbel der Tambours, auf das Signal oder auf einen langgedehnten Pfiff mit der Signalpfeife der Zugführer sofort schweigen.
21. Wer nach dem Signal noch schießt, wird streng bestraft.
22. Beim Salvenfeuer wird derjenige bestraft, welcher vorschießt.

Benutzung des Geländes durch den Schützen.

23. Der Schütze muß behufs Feuergefechts derart postirt sein, daß er freies Schußfeld hat.
24. Er muß aber auch verstehen, das Gelände zu seiner Deckung und zum Auflegen des Gewehrs zu benutzen und zwar die Erhöhungen und Vertiefungen, die Mauern und Zäune, Hecken, dicken und dünnen Bäume, er muß aus Fenstern und aus Scharten zu feuern verstehen, aus Schützengräben und aus Schanzen.
25. Der einzelne Schütze muß verstehen eine feindliche Stellung anzuschleichen, d. h. durch das Gelände gedeckt sich möglichst unbemerkt zu nähern.

26. Die Leute sind gut ausgebildet, wenn die Gruppen bei einem Stellungswechsel im Stande sind, sich mit großer Schnelligkeit und doch mit Ruhe, ohne Gedränge und ohne zu weit auseinanderzukommen, günstig für Abgabe des Schusses und gut gedeckt, in der neuen Stellung zu postiren.

Die Anschlagarten.

27. Der Schütze muß in den verschiedenen Arten des Anschlages wohl geübt sein.

28. Diese sind:

der freihändige Anschlag im Liegen;
" " " " Knieen;
" " " " Stehen;
der Anschlag im Liegen aufgelegt, z. B. auf den Rand der Schützengräben;
der Anschlag knieend und stehend mit aufgelegtem Gewehr, z. B. über Mauern, Zäune, aus Schützengräben;
der Anschlag durch Scharten;
der Anschlag stehend und knieend an dünnen und dicken Bäumen.

Der Anschlag im Liegen ist der im Gefechte am meisten angewandte.

Vom Haltepunkt, Ziel und Visir.

29. Das Ziel läßt der Schütze stets aufsitzen.

Ausnahmen hiervon sind:

Ziele unter halber Mannshöhe in der Entfernung von 75 bis 200 m, bei welchem zwei scheinbare Kopfhöhen darunter gehalten wird. Ziele unter halber Mannshöhe in der Entfernung von 35 bis 75 m, bei welchen mit dem Standvisir eine scheinbare Kopfhöhe darunter gehalten wird.

Von der Gewehrmündung bis 270 m wird das

Standvisir;*) von 270 m bis 350 m das Klappvisir; auf 400 m das entsprechend bezeichnete u. s. f. nach der Skala am Visir genommen. Soll auf weitere Entfernungen als 400 m geschossen werden, so wird der Zugführer 2 Visire, eins für das erste und eins für das zweite Glied, bestimmen.

30. Dies Letztere geschieht, um einen tieferen Raum unter Feuer nehmen zu lassen und etwaige Schätzungsfehler auszugleichen.

Signale.

31. Die im Gefecht zur Anwendung kommenden Signale mit dem Horn sind:
    - Schießen;
    - Vorgehen;
    - Schnell vorgehen;
    - Aufpflanzen;
    - Achtung gegen Kavallerie;
    - Kolonne formirt.

32. Nach dem Gefecht.
    - Ruf, Sammeln;
    - Vergatterung.

33. Ein Pfiff auf der Signalpfeife bedeutet:
    Achtung auf den Führer! und Stopfen des Feuers.

34. Ein Trommelwirbel bedeutet: Stopfen; das Schlagen des Sturmmarsches bedeutet unaufhaltsames Vorgehen.

35. Ein Winken mit dem Säbel nach vorn heißt: Vorgehen.
    Ein Hochheben und Senken des Säbels heißt: Halten.

---

*) Anmerkung für den Unterrichtenden. Gegen vorgehende Infanterie kann man von 350 m ab bis zur Gewehrmündung instruktionsgemäß das Klappvisir nehmen, wirft sich dieselbe Infanterie jedoch in der Vorwärtsbewegung im Bereich des Standvisirs nieder, so schießt man natürlich zu hoch, es erscheint daher besser gegen alle Ziele, ausgenommen Kavallerie, bis 270 m das Standvisir zu nehmen.

Vom Munitionsersatz.

36. Die Patronenwagen der Bataillone halten etwa 1000 Schritt hinter der Gefechtslinie.
37. Es werden Leute von ihnen abgesendet, um in Säcken den Schützen Munition zuzutragen.
38. Die etwa zu den Wagen zurückgeschickten Leute müssen sich vor Allem den Weg genau merken.

Todten und Verwundeten muß die Munition möglichst abgenommen werden.

Begriff und allgemeiner Verlauf des Angriffs, der Vertheidigung und des stehenden Feuergefechts.

39. Ein Angriff hat den Zweck, den Feind aus seiner Stellung zu werfen und ihn zum Rückzuge zu zwingen.
40. Zu diesem Zweck nähert man sich dem Gegner erst im lebhaften Schritt, sodann gewöhnlich sprungweise, um ihn auf wirksame Schußweiten durch Feuer zu erschüttern.
41. Das sprungweise Vorrücken kann so ausgeführt werden, daß entweder die ganze Linie eine Strecke im Trabe zurücklegt und sich dann wieder postirt, oder indem eine Abtheilung vortrabt, die andere liegen bleibt und das Vorgehen der ersten durch ihr Feuer unterstützt.
42. In kleineren Gefechten können auch einzelne Schützen vorschleichen und sich so der feindlichen Stellung zu nähern suchen.
43. Auf angemessene Entfernung, je nach dem Gelände, durchschnittlich auf 200 m wird das Feuer auf Befehl zum Schnellfeuer verstärkt. Sodann wird auf Signal oder Kommando das Seitengewehr aufgepflanzt und zum Sturm geschritten.
44. Der Sturm besteht in einem raschen Anlauf im Laufschritt — bei weiten Entfernungen erst im Sturmschritt und die letzte Strecke im Laufschritt —

unter dem Schlagen und Blasen aller Spielleute und lautem Hurrahrufen.

45. Man unterscheidet:

Den Schützenanlauf, und den Angriff einer geschlossenen Abtheilung begleitet von den Schützen.

46. Im Laufschritt wird nicht mehr geschossen; im Sturmschritt wird das Feuer von den vorspringenden Schützen gliederweise abgegeben.

47. Die Vertheidigung hat den Zweck eine Stellung zu behaupten, daher muß der Feind durch Feuer möglichst ferngehalten werden.

48. Geht derselbe dennoch zum Sturm über, muß ihm im letzten Moment mit dem Bajonett entgegengetreten werden. Dies Verfahren nennt man den Gegenstoß.

49. Im schnellen Schätzen der Entfernungen, Abschreiten und Markiren derselben muß der Infanterist geübt sein.

50. Der Infanterist muß verstehen, sich mit dem Spaten schnell einzugraben; die Anleitung dazu empfängt er durch besondere Uebungen.

51. Stehen sich beide Parteien längere Zeit hinter Deckungen im Feuer gegenüber, so nennt man diesen Kampf ein stehendes Feuergefecht.

Das Feuergefecht gegen Infanterie.

52. Der Kampf von Infanterie gegen Infanterie besteht in Wirklichkeit hauptsächlich in einem fast ununterbrochen rollenden Gewehrfeuer.

53. Der Mann muß sich bestreben, trotz des Einschlagens der Kugeln und dem Lärm des Feuers, kaltes Blut zu behalten.

54. Er muß sich unbedingt ein Ziel nehmen und darf niemals ins Blaue knallen.

55. Auch im Schnellfeuer muß er das Ziel mit schnellem Anschlag zu erfassen suchen.

56. Das allgemeine Ziel ist gewöhnlich die feindliche

Schützenlinie, sieht man von dieser nur den Pulverdampf, so wird auf die dichteste Schicht desselben gehalten.

57. Kann man Offiziere und Reiter unterscheiden, so feuert man auf diese, vor Allem aber auf Kolonnen.

58. In der Nacht wird zumeist die Salve aus der geschlossenen Kompagnie und der Bajonettangriff mit dieser angewendet.

Gefecht gegen Kavallerie.

59. Gegen Kavallerieangriffe besitzt die Infanterie durch ihr Feuer eine unbedingte Ueberlegenheit, sowohl im Einzelkampf als in Abtheilungen, wenn sie kaltes Blut behält.

60. Die Kavallerieattacken gegen Infanterie erfolgen staffelweise, d. h. in Abtheilungen kurz hintereinander.

61. Die Hauptsache bleibt: das ruhig abgegebene Feuer auf kurze Entfernungen.

62. Mit dem Visir 400 m trifft man bei richtigem Schießen den anreitenden Kavalleristen mit dem Haltepunkt „Aufsitzen" von 400 m bis zur Gewehrmündung.

63. Ist die Schützenlinie günstig postirt, so sammelt sie sich bei einem Kavallerieangriff nicht, sondern bleibt in ihrer Stellung und richtet das Feuer auf die angreifende Kavallerie.

64. Kommt dieselbe jedoch bis auf 50 m heran, so erhebt sich eine liegende Schützenlinie.

65. Das plötzliche Erheben macht einen überraschenden Eindruck auf Pferde und Reiter; auch kann der Schütze stehend gewöhnlich den Reiter besser aufs Korn nehmen.

66. Ungedeckt liegende Schützenlinien, welche nicht im heftigsten feindlichen Feuer sind, sammeln sich in geschlossenen Zuglinien.

67. Erscheint die Kavallerie in den Flanken, so werden

Haken gebildet, erscheint sie im Rücken, so macht das zweite Glied Kehrt.

68. Die Hauptfeuerform gegen Kavallerie ist die Salve.

69. Sind keine Patronen mehr vorhanden, so bildet man Knäuel oder Karrees, welche mit dem Bajonett Widerstand leisten.

70. Wird eine Schützenlinie von der Kavallerie wirklich überritten, so werfen sich die Leute nieder, müssen sich aber sofort wieder erheben, sich in Linie oder im Knäuel sammeln, den nachfolgenden Staffeln entgegenfeuern, oder der ersten Kavallerielinie nachschießen.

71. Niemals darf ein Infanterist feige den Kampf aufgeben und sich gefangen nehmen lassen.

72. Im Einzelkampf läßt der Schütze den Reiter bis auf 30 m herankommen, giebt dann seinen Schuß, und falls er fehlschießen sollte, sofort einen zweiten. Hat er keinen Schuß mehr, so läßt er den Reiter heranjagen, springt zur Seite und führt dann einen Stoß nach dem Pferde.

Kampf gegen Artillerie.

73. Gegen Artillerie wirkt man entweder mit Massen-Fernfeuer, oder — was besser ist — man nähert sich, womöglich gedeckt durch Terrainfalten, Busch, hohes Korn, der Flanke der Batterie, giebt Schnellfeuer und stürzt sich dann im vollen Lauf auf dieselbe.

Feuert man gegen eine fahrende oder aufprotzende Batterie, so zielt man auf die Bespannung; beschießt man eine feuernde Batterie, so hält man auf die Geschützlinie selbst.

74. Schnelle Bewegung nach vorn und Schrägbewegungen sichern gegen Artilleriefeuer am besten.

75. Sollte man gezwungen sein, eine genommene Batterie wieder aufzugeben, so nimmt man den Verschluß mit.

Kampf im Festungskriege.

76. Hier kann es vorkommen, daß Infanterie tagelang in Laufgräben oder in Schützengräben mit dem Gewehr in der Hand dem Feinde gegenüberliegen muß.
77. Der Mann empfängt dann in der Regel 200 Patronen und besonderen Proviant.
78. Es kann sich ereignen, daß ein feindliches Festungswerk durch Massen-Fernfeuer überschüttet werden soll.
79. Der Schütze muß dann auf den sich gewöhnlich scharf abzeichnenden Rand der Brustwehr und besonders auf die Geschützscharten halten.
80. Soll ein Werk mit Sturm genommen werden, gehen genaue Anweisungen voraus, wie Schützen und Kolonnen sich zu verhalten haben und welchen Weg sie nehmen sollen.
81. Die rücksichtsloseste Tapferkeit und das schlennigste Ueberschreiten des Grabens kann hierbei allein zum Ziele führen.
82. Am Fuß der zu ersteigenden Brustwehr halten die Angreifer einen Moment, um sich zu sammeln und ersteigen dann möglichst geschlossen die Brustwehr, bezüglich die angelegten Leitern.

Besondere Regeln für das Verhalten der Leute im Gefecht und bei verschiedenen Vorkommnissen während desselben.

83. Wenn das Pfeifen und Schwirren der Geschosse beginnt, so denke der Soldat in jedem und auch im gefährlichsten Moment des Gefechts daran, daß jedes Zeichen von Schwäche schimpflich und erniedrigend ist.
84. Streng verboten ist es, sich um Fallende, Todte und Verwundete zu kümmern. Man thut am besten, den Blick auf diesen gar nicht verweilen zu lassen. Leichtverwundete dürfen das Gefecht nicht verlassen.

85. Kein aus dem Gefecht zurückgehender Verwundeter darf sich unterfangen, die nachrückenden Truppen durch Aeußerungen wie: „Es geht schlecht“, oder: „Euch wird's auch nicht besser gehen“ zu entmuthigen. Er muß im Gegentheil den Schmerz verbeißen und möglichst wenig klagen.

86. Das Abwerfen der Tornister ohne Befehl wird streng bestraft.

87. Werden Gefangene gemacht, so befassen sich nur diejenigen Leute mit dem Transport, die von dem befehligenden Offizier den Auftrag hierzu erhalten.

88. Wer beim Anmarsch in das Gefecht zurückbleibt, ist ein ehrloser Feigling und hat die strengste Strafe zu gewärtigen.

89. Wer aus dem Gefecht flieht oder seine Kameraden durch Zurufe hierzu verleitet, oder wer seine Waffen von sich wirft, wird von dem nächsten Vorgesetzten sofort niedergestoßen.

90. Jeder Soldat muß danach streben, mit seiner Kompagnie, seinem Zuge und seiner Gruppe im Gefecht zusammenzubleiben, da er allein nichts Bedeutendes ausrichten kann. Die Aufmerksamkeit muß daher angespannt auf den Führer gerichtet sein.

91. Kommt Jemand ohne seine Schuld von seiner Kompagnie ab, so schließt er sich dem nächstfechtenden Truppentheil an, stellt sich unter den Befehl des dort kommandirenden Offiziers oder Unteroffiziers und gehorcht diesen, wie seinen eigenen direkten Vorgesetzten auf das pünktlichste.

92. Mischen sich Truppentheile im Gefecht durcheinander, was häufig nicht zu vermeiden ist, so wird dem Vorgesetzten unweigerlich gehorcht, der den Befehl übernimmt.

93. Der Soldat muß sich einprägen, daß das Feuer auf weite Entfernungen nur selten großen Schaden macht,

und daß seine Anwendung eine unsichere Sache bleibt, für deren Erfolg die Führer verantwortlich sind.

94. Daher darf beim Angriff auf weitere Entfernungen als 400 m absolut nicht geschossen werden, es sei denn auf ausdrücklichen Befehl.

95. Der Schütze muß vor Allem daran denken, das richtige Visir zu nehmen, besonders da die Zug- und Gruppenführer oft außer Gefecht gesetzt sind, und die Leitung durch diese somit aufhört.

96. Bemerkt der Soldat in der Schützenlinie Bewegungen oder Veränderungen beim Feinde, die ihm wichtig erscheinen, so muß er diese dem Vorgesetzten melden.

97. Der Schütze muß im Stande sein, mitten im Gefecht eine deutliche Meldung zu machen und einen Befehl deutlich zu überbringen.

98. Beim Vorgehen darf Niemand stutzen oder halten, das Feuer des Feindes sei noch so heftig, die Verluste noch so groß. — Nur wenn der Offizier „Halt" kommandiren sollte, wird Hall gemacht und sofort Stellung genommen.

99. Wird ein Anlauf gemacht, muß derselbe unaufhaltsam bis an den Feind fortgesetzt werden. Geschieht dies nicht, und laufen die angreifenden Schützen zurück, so sind sie so gut wie todt, weil sie im furchtbaren Feuer die Strecke noch einmal wieder zurücklegen müssen.

100. Ein wirklich bis an den Feind mit aller Entschlossenheil herangeführter Anlauf wird stets gelingen.

101. Macht der Feind während eines Gefechts einen entschlossenen Vorstoß, so heißt es vor Allem sich nicht einschüchtern zu lassen. Verlieren einige Leute den Muth und laufen fort, so müssen sie sofort von den Kameraden selbst wieder vorgebracht und aufgemuntert werden.

102. Der Soldat sehe in jedem Moment, der ihm gefährlich dünkt, auf seinen Führer, denn dieser muß befehlen, was zu thun ist.

103. Entweder wird nun der Vorstoß des Feindes mit vernichtendem Feuer empfangen, oder man geht ihm sogleich mit Hurrah entgegen.

104. Ist das Feuer so stark, daß man den Befehl der Offiziere nicht verstehen kann, so achte man auf ihre Winke mit dem Degen und auf das, was sie persönlich thun.

105. Hat man den Feind aus einer Stellung geworfen, so darf der Einzelne nicht nachstürmen, sondern muß den Befehl des Führers abwarten und inzwischen dem Feinde nachfeuern.

106. Die Truppe muß im Stande sein, sich nach einem solchen Angriff baldigst wieder geordnet zu sammeln.

107. In der Vertheidigung muß man den festen Willen haben, nicht von dem Platze zu weichen, den man halten soll.

108. Auch in der Vertheidigung ist das Feuer auf zu weite Entfernungen nicht vortheilhaft, und ist die Hauptkraft desselben etwa von 500 m ab zu entwickeln.

109. Das Signal oder der Befehl bezeichnet den Anfang des Feuers.

110. Von dem Geschrei und dem etwaigen nahen Herandrängen des Feindes lasse man sich nicht einschüchtern.

111. Jeder bleibt liegen und feuert ruhig weiter.

112. Nur auf **bestimmten Befehl darf eine Stellung geräumt werden.** Der Feind wird das Feuer einer so entschlossenen Truppe in der Regel nicht aushalten, und werden die feindlichen Schützen und Trupps zurücklaufen.

113. Sollte der Feind indeß wirklich nahe herankommen, so muß **der feste Wille obwalten,** es auch im **Handgemenge mit ihm aufzunehmen.**

114. Bei gleicher Bewaffnung wird es überhaupt meist darauf ankommen, wer den größten Muth, die meiste Kaltblütigkeit und die beste Mannszucht besitzt.

115. Der in geschlossenen Abtheilungen fechtende Soldat muß vor Allem fest auf seinen Vordermann bleiben; seine Hauptpflicht ist, auf die Kommandos zu hören und sie genau auszuführen. Die Selbstständigkeit des Schützen besitzt er nicht.

116. Fallen die Offiziere und Unteroffiziere einer Abtheilung, so muß jeder ehrliebende Soldat danach streben, sie zu ersetzen; es nehmen die Gefreiten, die Aeltesten und Geschicktesten das Kommando und führen ihre Kameraden weiter im Gefecht.

117. Sollte durch unglückliche Umstände und durch feindliche große Uebermacht eine Truppe einmal zum Rückzuge genöthigt werden, so darf sich kein Soldat entmuthigt zeigen, sondern er geht bis zu dem Punkt zurück, wo sein Führer Halt befiehlt, oder bis zu dem bezeichneten Sammelpunkt.

118. Ueberhaupt hat jeder Soldat nach Beendigung eines Gefechts seine Truppe, falls er von derselben abgekommen, unverzüglich wieder aufzusuchen. Jedes unnütze Herumstreichen auf dem Gefechtsfelde wird streng bestraft. Hat er bei einer fremden Truppe mitgekämpft, so muß er sich dieselbe genau merken, um Zeugen für sein Verhalten anführen zu können.

119. Gegen feindliche Verwundete und Gefangene muß sich der Soldat ritterlich und menschlich zeigen. Niemals darf denselben ihr Privateigenthum genommen oder sie ohne Noth gemißhandelt werden.

120. Die weiße Fahne mit dem rothen Kreuz bezeichnet Verbandplätze und Lazarethe, die gleiche Armbinde das ärztliche Personal, Krankenträger u. s. w. Diese sind nach der Genfer Konvention neutral und wird auf dieselben nicht geschossen.

121. Streng verboten ist es, nach dem Gefecht Gewehre loszuschießen, sogenanntes Viktoriaschießen zu machen, erbeutete Bagagen zu plündern und dergleichen Unfug mehr zu treiben. Lebensmittel, Patronen, Stiefel und andere Kleidungsstücke aber dürfen im Bedürfnißfall aus erbeuteten Bagagen genommen werden.

122. Der Soldat muß vielmehr nach einem gewonnenen Gefecht trotz seiner Erschöpfung stets bereit sein, zur Verfolgung des Feindes aufzubrechen, falls es befohlen wird, denn die schnelle und kräftige Verfolgung macht erst den Sieg vollständig und erspart uns weitere Kämpfe.

Gedruckt in der Königl. Hofbuchdruckerei von E. S. Mittler u. Sohn,
Berlin, Kochstraße 69. 70.

Der

Sonnenstich und Hitzschlag

auf Märschen.

Berlin 1879.
Ernst Siegfried Mittler und Sohn
Königliche Hofbuchhandlung
Kochstraße 69. 70.

Der sogenannte Sonnenstich oder vielmehr der Hitzschlag ist auch in unserem Heere auf Märschen, die bei großer Hitze ausgeführt werden mußten, die Ursache manchen Unglücks- und sogar Todesfalls gewesen.

Eine Kenntniß dieser Krankheiten und ihrer Ursachen ist daher für alle Truppenführer um so mehr erforderlich, als namentlich der so verderbliche Hitzschlag zu den sogenannten vermeidbaren Krankheiten gehört, d. h. zu denjenigen, welche nur unter absolut zwingenden ungünstigen Verhältnissen vorkommen sollten.

Was zunächst den sogenannten Sonnenstich betrifft, so hat man bisher unter diesem Namen vielfach verschiedene Krankheiten zusammengefaßt, darunter aber namentlich Hirn- und Hirnhaut-Entzündungen verstanden, welche durch direkte Einwirkung der Sonnenstrahlen auf den Kopf entstehen sollten.

In unserem Klima beschränkt sich die direkte Einwirkung der Sonnenstrahlen auf entblößte Körpertheile wohl nur auf rosenartige Hautentzündungen und Blasenbildung, wie man sie auch unter der Einwirkung jeder anderen Wärmequelle, z. B. bei Feuerarbeitern, entstehen sieht.

Bei weitem wichtiger und gefährlicher ist der eigentliche Hitzschlag. Dieser ist eine unter Umständen bei großer Hitze den Menschen meist schlagartig treffende Krankheit, welche bei nicht rechtzeitiger Hülfe in der Regel nach kürzerer oder längerer Dauer, von Stunden bis zu einigen Tagen, durch Herzlähmung zum Tode führt.

Ebensowenig wie für den sogenannten Sonnenstich, also die Wärme-Einwirkung auf ungeschützte Körpertheile ist für das Zustandekommen des Hitzschlags gerade die strahlende Sonnenhitze erforderlich, er kann vielmehr bedingungsweise auch bei bedecktem Himmel vorkommen.

Eine der für das Leben resp. die Gesundheit nothwendigen Bedingungen ist die, daß die selbstgebildete, sogenannte Eigenwärme im menschlichen Körper stets im richtigen Gleichgewicht erhalten bleibt.

Der Hitzschlag nun entsteht durch eine normwidrige Aufstauung dieser selbstgebildeten Wärme im Körper, welche schließlich zum Tode führen kann.

Bedingungen für diese Wärmestauung, wie sie hier in Betracht kommen, sind:

1) körperliche Anstrengungen, welche bekanntlich die Eigenwärme des Menschen steigern;
2) hohe Außentemperaturen bei gleichzeitiger Schwüle der Luft, d. h. bei hohem Feuchtigkeitsgehalte derselben und Windstille, wodurch die Verdunstung des Schweißes und somit die natürliche Abkühlung und Wärmeregulirung für den ganzen Körper verhindert wird;
3) Wassermangel, d. h. der Mangel an dem natürlichsten inneren Abkühlungsmittel für den Menschen, welches zugleich bestimmt ist, den Wassergehalt des Blutes auf stets gleicher Höhe zu erhalten und Material für den Schweiß abzugeben.

Außer der verderblichen Wärmestauung im Körper ist es daher auch ein gewisser Grad von Eindickung des Blutes und von Austrocknung der Gewebe, welche unter den angeführten drei Bedingungen zu Stande kommen kann, da die Haut naturgemäß, je höher die Temperatur, desto mehr, zunächst aus den wässerigen Bestandtheilen des Blutes herstammende Feuchtigkeit absondert. —

Behufs Vermeidung der hauptsächlichsten dieser Schädlichkeiten — der Wärmestauung — besitzt der Organismus gewisse Einrichtungen, welche darauf abzielen, die Temperatur desselben stets auf einer und derselben Durchschnittshöhe zu erhalten, und welche man daher als Wärme-Regulatoren bezeichnet hat; einer der wirksamsten ist der Schweiß, insofern er auf der Haut verdunstet und durch die dabei entstehende Verdunstungskälte abkühlend wirkt.

Von besonderer Wichtigkeit als Wärme-Regulatoren sind jedoch auch die Vorgänge der Athmung und des Blutkreislaufs; erstere führt dem durch die Lungen circulirenden Blut stets frische Luft zu, letzterer treibt das Blut bis in die feinsten Gefäße der Körperoberfläche, welche von der Außenluft umgeben ist.

Es ist einleuchtend, daß unter ungünstigen äußeren Verhältnissen bei dem in der Hitze in Reih und Glied marschirenden Soldaten diese Wärme-Regulatoren sehr bald ungenügend werden können im Vergleich zu der Wärme, welche der Mann durch die Anstrengung des Marsches in sich entwickelt und welche sie abführen sollen. Derselbe schwitzt anfangs mäßig, der Schweiß verdampft noch und kühlt ihn ab, so daß die Hitze eine Zeit lang ganz gut ertragen wird. Bald aber wird er durch den Marsch wärmer und wärmer, schwitzt reichlicher, athmet schneller, sein Blut kommt in raschere Bewegung — der Schweiß kann bei der schwülen Luft, die ohnehin schon Wasser genug enthält, nicht mehr verdampfen, es fällt also diese Art Abkühlung fort; der Schweiß sammelt sich auf Gesicht und Brust und rinnt triefend den Körper herab. Ist nun der Soldat außerdem noch außer Stande, sich durch häufigeres Trinken innerlich abzukühlen und dem Blute das durch den Schweiß entzogene Wasser zu ersetzen, während gleichzeitig die Wärmebildung durch Muskelarbeit beim Marschiren fortdauert, so ist die unausbleibliche Folge, daß neben der Eindickung des Blutes und der Austrocknung der Gewebe die Wärmestauung im Körper einen lebensgefährlichen Grad erreicht, d. h. daß er vom Hitzschlag getroffen wird; denn auch die Athmung und der Blutkreislauf, diese anderen beiden Regulatoren, können ihn nicht mehr genügend abkühlen, sie leiden unter dem Einfluß der im Körper aufgestauten Wärme, welche lähmend auf das Herz wirkt. Dazu kommt, daß, namentlich in enggeschlossenen Gliedern und bei Windstille, die Luft in der Marschkolonne außer durch Staub 2c. auch noch durch die Ausdünstungen der Mannschaften verdorben ist.

Bei Kavalleristen kommt der Hitzschlag seltener vor als bei Infanteristen, weil bei ihnen die eigene Muskelanstrengung und deshalb auch die Wärme-Erzeugung geringer ist und sie beim Marschiren sich in weiteren Abständen voneinander befinden als diese.

Es giebt nun noch eine Anzahl von Einflüssen, sogenannte prädisponirende Momente, welche, wenn sie zu den bisher aufgezählten Schädlichkeiten hinzutreten, den Hitzschlag besonders leicht entstehen lassen. Dahin gehören: schwache Körperkonstitution im Allgemeinen, obgleich auch kräftige Konstitutionen vom Hitzschlag keineswegs ausgeschlossen sind, sowie vorangegangene Strapazen und Krankheiten, nicht genügender Schlaf, jugendliches Lebens- und Dienstalter, Hunger, vor Allem aber Genuß von Spirituosen.

Die Vorboten des Hitzschlages charakterisiren sich gewöhnlich folgendermaßen: der Soldat schwitzt stark, der Schweiß läuft ihm über das Gesicht in die Augen, in die Halsbinde und sammelt sich auf der Herzgrube. Sein Kopf fühlt sich heiß an, ebenso die Haut, trotz des Schweißes, der Puls geht sehr schnell, das Athmen ist beschleunigt, das Herz klopft. Der Mann spürt Beklemmung auf der Brust und hat das Gefühl zum Umsinken und Ohnmächtigwerden; die Zunge wird trocken, das Bedürfniß zum Urinlassen fehlt oft ganz, die Hände sind geschwollen; das Gesicht fängt an blau zu werden, andere Male sieht es strotzend roth aus, die Beine zittern. Tritt der Mann jetzt aus, so kann er sich im Schatten durch häufigeres Trinken und Waschen des Kopfes und der Brust ꝛc. mit Wasser in der Regel bald wieder erholen; wird ihm jedoch keine Hülfe zu Theil, schleppt er sich taumelnd und stolpernd in der Marschkolonne weiter, so schwindet allmälig auch seine Hautausdünstung — ein bereits sehr bedenkliches Zeichen — er wird trocken, der Speichel klebt an den Lippen, das Herz schlägt immer schneller und schwächer, zuletzt flattert es nur noch, das Athmen wird ganz oberflächlich, endlich schwinden die Sinne, und der Mann stürzt um, wobei er meist in Krämpfe verfällt. Mitunter bildet sich hierbei ein plötzlicher Wahnsinn aus. Ohne rechtzeitige Hülfe tritt hier der Tod sicher ein.

Unter Umständen gestaltet sich das Bild des Hitzschlags etwas anders: es treten dann hauptsächlich Kongestionserscheinungen zum Kopf, zu den Lungen und zu anderen Organen auf, und infolge dessen kommt es zu Nasenbluten, Blutspeien, Blutharnen ꝛc.

Das Hauptmittel gegen das geschilderte, oft so verheerend wirkende Leiden ist neben der Ruhe das Wasser.

Es ist ein ebenso altes, als größtentheils grundloses Vorurtheil, daß Trinken bei erhitztem Körper schaden müsse. Selbst dann, wenn dies vereinzelt der Fall ist, stehen die Gefahren eines kalten Trunkes bei erhitztem Körper, namentlich für die Truppen, in keinem Verhältniß zu den Gefahren des Hitzschlags. Die Bewohner der Tropen, die Feuerarbeiter, die Feldarbeiter im Sommer können sich ohne reichliches Trinken nicht erhalten. Einige Vorsicht ist freilich bei erhitztem Körper geboten. Die Hauptsache ist, daß man nicht plötzlich große Mengen kalten Wassers auf einmal in den Magen stürzt, sondern häufiger und in kleineren Mengen trinkt, und zwar am besten Wasser mit einem kleinen Zusatz von Essig, kaltem Thee oder Kaffee. Eines langen Abkühlens vorher bedarf es nicht, wenige Minuten genügen. Flaschen mit nicht zu weiten Oeffnungen eignen sich zum Trinken für marschirende Soldaten sehr gut, auch kann man zweckmäßig etwas Brot beim Trinken kauen lassen. Man glaube nicht, daß man auf einmal gleich so viel trinken müsse, bis man satt ist, denn das dem Magen zugeführte Wasser braucht Zeit, oft bis zu fünf Minuten, um durch seine Wirkung auf die Nerven das Gefühl der Stillung des Durstes hervorzurufen. —

Um marschirende Truppen in der Hitze vor Hitzschlag zu bewahren kommt es besonders darauf an, die Marschzeit so zu legen, daß die Mannschaften von der eigentlichen Tages-, namentlich Mittagshitze, möglichst verschont werden. Für diejenigen, welche nach dem früher hierüber Gesagten prädisponirt zum Hitzschlag sind, muß besonders gesorgt werden. Eine Gewöhnung daran, daß der marschirende Soldat nicht warm wird, giebt es nicht. Sobald die Temperatur bereits Morgens 20 Grad Reaumur im Schatten beträgt, würde es nach Obigem wünschenswerth sein, alle Sommermärsche (bezw. Uebungen) so abzuhalten, daß die Leute etwa zwischen 8 bis 9 Uhr früh ins Quartier kommen, oder die zweite Hälfte des Marsches auf die späten Nachmittags- bezw. Abendstunden zu verlegen. Abends ist dann zeitig zu Bett zu gehen. Vor dem Abmarsch aus dem Quartier müssen die Leute gefrühstückt und ihre Feldflaschen gefüllt haben. Spirituosen sind zu verbieten. Auf sandigem Boden, staubigen Chausseen, in Thälern, Fichtenwäldern &c. wird, soweit angängig, in lockeren Formationen marschirt. Frühzeitiges Oeffnen und Lüften der Kleidung ist zu gestatten; Rendezvous werden häufiger und etwas länger als an kühlen Tagen, am besten an schattigen, luftigen Orten gemacht. Treten die Leute häufiger aus, oder macht sich eine besondere Ermattung der Truppe bemerkbar, so ist ein Rendezvous selbst auf freiem Felde in der Sonne dem Versuche vorzuziehen, das vielleicht schon nahe Quartier ohne Aufenthalt zu erreichen.

Das Stillstehen auf dem Sammelplatz behufs Ausgabe der Befehle oder bezw. der Quartierbillets ist möglichst zu vermeiden; vielmehr sind die letzteren schon auf dem Marsche zu vertheilen, denn erfahrungsmäßig fallen Soldaten, welche sich in der Hoffnung auf das nahe Ziel noch bis zum Sammelplatz geschleppt haben, gerade dann noch häufig um. — Den marschirenden Truppen Kommandos vorauszuschicken, welche für Bereithaltung von Trinkwasser in den zu passirenden Orten bezw. an sonst geeigneten Stellen zu sorgen haben, hat sich auf das Beste bewährt. Auf langen Märschen in wasserarmen Gegenden wird eventuell zweckmäßig der nothwendige Wasservorrath mitgeführt.

Wird Jemand vom Hitzschlag befallen, so bringe man den Kranken bis zur Ankunft des Arztes möglichst an einen schattigen und kühlen Ort, entferne alle beengenden Kleidungsstücke, lagere ihn mit erhöhtem Oberkörper und sorge dafür, daß möglichst wenig Menschen um ihn herumstehen, um den Zutritt guter Luft nicht zu behindern. Man wasche ihm Kopf und Brust, oder schlage ihn, wenn möglich, in nasse Tücher ein und flöße ihm nach und nach reichlich Wasser ein. Athmet der Kranke nicht gehörig, so ist die künstliche Athmung einzuleiten. Man legt den Kranken mit erhöhtem Oberkörper auf den Rücken und hält ihm mit den in ein Tuch gewickelten Fingern die Zunge fest oder zieht sie sogar etwas nach vorn. Die Arme werden dann zunächst lang an den Körper gelegt, hierauf, indem man zu Häupten des Kranken steht, oberhalb des Ellenbogens gefaßt und neben dem Kopf erhoben — Einathmung. — Nach etwa zwei Sekunden bringt man die Arme wieder in die frühere Lage und drückt dieselben dabei sanft gegen die Seiten der Brust — Ausathmung. Nach ferneren zwei Sekunden wird die erstere Bewegung wiederholt und dies Manöver, auch wenn die natürliche Athmung nicht bald wiederkehrt, längere Zeit, eventuell bis zur Ankunft des Arztes, fortgesetzt.

Unterstützt wird die dadurch erzeugte Einathmung und Ausathmung noch, wenn in den Momenten, wo die Arme wieder seitlich gegen die Brustwand gedrückt werden, gleichzeitig auch ein gelinder Druck gegen die Magengrube ausgeübt wird.

Während dieses Alles geschieht, muß dem Kranken fortwährend frische Luft zugefächelt werden, auch frottire man ihm, um die Blutbewegung anzuregen, Hände und Füße. Kommt er wieder zu sich, so ist das wieder erwachte Leben, wenn es von neuem zu erlöschen drohen sollte, durch Anwendung von starken Riechmitteln, wie Salmiakgeist und andere äußere Reize, Senfteige ꝛc. möglichst zu erhalten. Ein bald eintretender Schlaf ist verdächtig und muß jedenfalls genau überwacht werden. Vor dem Aderlaß ist im Allgemeinen zu warnen.

Bei den oben geschilderten Fällen von Blutspeien ꝛc. fallen natürlich alle Reizmittel fort, der Kranke bedarf der Ruhe und Abkühlung.

Die weiter erforderlichen Maßnahmen sind vom Arzte zu bestimmen.

Druck von E. S. Mittler u. Sohn in Berlin, Kochstraße 69. 70

Kriegs-Ministerium.

d. d. Berlin, den 4. Juli 1883

Nr 901.6. A. 1.

Mit Allerhöchster Ermächtigung wird dem Königlichen General-Kommando ergebenst mitgetheilt, wie Seine Majestät der Kaiser und König zu bestimmen geruht haben:

1. der Privat-Betrieb auf den militairischen Schuhmacher- und Schneider-Handwerksstätten darf vorkommenden Falls nur insoweit gestattet werden, als derselbe Angehörigen des Heeres zu Gute kommt.

2. die dienstlich angeordnete Arbeit von Handwerkern (: Oekonomie-Handwerker und Handwerker mit der Waffe :) an Sonn- und den gebotenen Feiertagen ist unter normalen Friedensverhältnissen unzulässig. Bevorstehende Musterungen und Besichtigungen begründen hiervon keine Ausnahme.

ad pass. 1.

die Inanspruchnahme von Mannschaften des Dienststandes zu derartigen Zwecken, welche selbstverständlich auf die dienstfreien Stunden sich zu beschränken hat, ist mit Einverständniß der betreffend-

Auch ist der Erlass vom 27. Januar 1870. No 479. 1. 70. M. O. D. 3, insbesondere der pos: 3 desselben, Inhalts dessen für die etwaige Benutzung fiskalischer Handwerksstätten zum Zweck der Anfertigung von <u>Offizier</u>-Bekleidungs- u. s. w. Gegenständen eine angemessene Entschädigung gewährt und an die Masse-Kasse abgeführt werden soll, sorgfältig zu beachten.

gez: Bronsart von Schellendorf.

<u>10. Division vom 19. Dezember 1883 No 2995</u>

Ein Spezialfall giebt mir Veranlassung darauf hinzuweisen, dass es ungehörig ist, Soldaten behufs <u>Beschäftigung bei Zivilhandwerkern</u> <u>gegen</u> <u>Lohnvergütung</u> <u>Urlaub</u> bezw: <u>Diensterleichterung</u> zu gewähren.

gez: von Alvensleben.

General-Erl. vom 1. Novbr. 1881 No 5290 II.

Auf eine Anfrage der Königlichen 9. Division betreffs Nachdienens derjenigen Mannschaften, welche wegen unerlaubter Entfernung und Fahnenflucht bestraft sind, bestimmt das General-Commando:

1. Bei den mit 6 Wochen Freiheitsstrafe und weniger Bestraften, findet ein Nachdienen überhaupt nicht statt.
2. Die mit über 6 Wochen Freiheitsstrafe Bestraften, haben nur diese Freiheitsstrafe und zwar nur insoweit nachzudienen, als es zur Erreichung der vollen 3jährigen Dienstzeit bei der Fahne nöthig ist.
3. Der Untersuchungs-Arrest ist als active Dienstzeit anzurechnen.
4. Im Uebrigen wird auf den kriegsministeriellen Erlaß vom 16. März 1878 No 957/2 A 2. verwiesen.

Der kommandirende General.
gez: von Stiehle.

cfr. Militair-Strafvollstreckungs-Reglement § 32

1. Die Feld-Artillerie des 5. Armee-Korps wird in eine Brigade zu zwei Feld-Artillerie-Regimentern formirt.

Das eine Feld-Artillerie-Regt: besteht aus zwei Feld-Abtheilungen à 4 Batterien und einer reitenden Abth: à 3 reitenden Battr:, das andere Regiment aus zwei Feld-Abtheilungen à 4 Batterien.

5. Benennungen der Feld-Art:-Truppentheile.

5. Feld-Artillerie-Brigade.

Niederschlesisches Feld-Art:-Regt: No 5.
- I. Feld-Abtheilung.
- II. Feld-Abtheilung.
- reitende Abtheilung.

Posensches Feld-Art:-Regt: No 20.
- I. Feld-Abtheilung.
- II. Feld-Abtheilung.

II. Kriegs-Formation.

1. Die beiden Abtheilungen des Pos: Feld-Art:-Regts: No 20 werden den beiden Infanterie-Divisionen des Armee-Korps überwiesen.

Das Niederschl: Feld-Art:-Regt: No 5 bildet, eventl: nach Abzweigung einer reitenden Battr: für die Kavallerie-Division, die Korps-Ar-

3. bei jedem Armee-Corps sind event. drei Reserve-batterien zu formiren.

4. die Munitions-Colonnen jedes Armee-Corps stehen unter dem unmittelbaren Befehle des Artillerie-Brigade-Commandeurs und werden in zwei Abtheilungen /: Staffeln :/ unter je einem besonderen Commandeur eingetheilt.

IV. Festungs- /: Fuß- :/ Artillerie.

I. Friedens-Formation.

1. das bestehende Festungs-Art.-Regt. wird in seiner zeitigen Zusammensetzung und mit seinem bisherigen Provinzial-Namen als „Niederschlesisches Fuß-Artillerie-Regiment No 5" beibehalten.

II. Kriegs-Formation.

1. z. Z. die Fuß-Artillerie-Bataillone sind in erster Linie bestimmt zum Dienst bei Belagerungen und zu Festungs-Besatzungen auf dem bedrohten Gebiete.

Allerh. Cab: Ordre v. 7. Mai 1874.

Die gesammte Fuß=Artillerie wird in 2 Fuß=Artillerie-Inspectionen zu je 2 Fuß-Artillerie-Brigaden eingetheilt. —

Allerh: Ordre v. 13/März 1873.

1. Ingenieur-Inspection: Berlin.

1. Pionier-Inspection.
1. Festungs-Inspection.
2. "

2. Ingenieur-Inspection: Berlin.

2. Pionier-Inspection
3. Festungs-Inspection.
4. "

3. Ingenieur-Inspection: Mainz.

3. Pionier-Inspection.
5. Festungs-Inspection.
6. "

4. Ingenieur-Inspection: Cöln.

4. Pionier-Inspection.
7. Festungs-Inspection.
8. "

Vortrag über die Wirkung und Verwendung der Infanterie. Gewehr M/71.

a. Angaben über die Präzision und Rasanz des einzelnen Gewehr M/71 insofern sie für die Verwendung des einzelnen Gewehr von Bedeutung sind.

b. der Haltepunkt.

c. die Visierverwendung im Bereiche der 3 niedrigsten Visierstellungen.

d. Feuerwirkung und Feuergrenzen bei Verwendung der Waffe des Schützen.

e. Visierverwendung bei dem geleiteten Abtheilungs-Feuer.

f. Beilage I N. 6 unter Zuhülfenahme der Figurentafel III. der Schieß-Instr.

7.

Ueber die erlangten Resultate des Belehrungs-Schießens und die Lehren, welche aus denselben für die Praxis zu ziehen sind.

7.

Vorführung der Wirkung des Abtheilungs-Feuers, wie es einfach und praktisch bei der Truppe erfolgen wird.

Es kommt zur Darstellung:

Wirkung bei Verwendung des Visier 700 m auf die Entfernung 700 m gegenüber den folgenden Zielarten:

geschlossene, aufrechte Inf.-Linie
geschlossene, aufrechte Comp.-Col.
liegende Infanterie-Linie
liegende Compagnie-Colonne.

Corps-Befehl v. 20. Juli 1875 N° 3139/75 Ib.

Es ist bereits im vorigen Jahre und auch jetzt wieder vorgekommen, daß Gesuche um Beurlaubung zur Disposition der Truppentheile, deshalb abschläglich beschieden worden sind, weil die betreffenden Mannschaften eine besondere dienstliche Verwendung, z. B. als Spielleute z. z. gefunden hatten.

Ich muß dies Verfahren als unstatthaft bezeichnen und verweise bezüglich der Dispositions-Beurlaubungen lediglich auf die kriegsministerielle Verfügung vom 6. April 1864. N° 1010. 3. A. 1 - nach welcher in erster Linie die <u>dienstliche Führung</u> dann aber die <u>häuslichen Verhältnisse</u> der zu berücksichtigenden Mannschaften in Betracht zu ziehen sind.

Der kommandirende General.
gez: von Kirchbach.

General-Cdo v. 21. Februar 1879 N° 547 IIb.

Indem die bezügliche Verf: noch einmal mitgetheilt wird, wolle Wohldieselbe die weitere Bekanntmachung veranlassen. In betreff der Genehmigung zur Bewilligung von Urlaub wird auf die Allerh: Bestimmungen vom 16. Januar 1873 verwiesen.

Der kommandirende General.

gez: von Kirchbach.

Eine bei dem Kriegs-Minist: eingegangene Anfrage über die Anrechnung des Urlaubs einjähriger Freiwilliger auf ihre Dienstzeit hat dasselbe dahin beantwortet, daß ebenso, wie Urlaubs-Bewilligungen an Soldaten im ersten Jahre der Dienstzeit, nicht angemessen erscheinen, auch einjährige Freiwillige nur unter ganz ungewöhnlichen Umständen während ihrer Dienstzeit auf längere Zeit, d.h. etwa über 14 Tage, beurlaubt werden dürfen und daß es unzweifelhaft erscheine, ihnen einen solchen ausnahmsweise bewilligten längeren Urlaub auf ihre Dienstzeit nicht anzurechnen, weil ihnen bei der Bewilligung des Urlaubs in jedem einzelnen Falle gleich zu eröffnen sein werde.

Für den Unteroffizier, welcher in die Lage kommt, die Obliegenheiten der Feuerleitung auszuüben, sind folgendes als Vorschrift:

1. Entfernungen:

a. innerhalb 400 m kann jegliches Ziel, selbst die liegende Schützenlinie beschossen werden.

b. innerhalb 700 m. z. z.

c. zwischen 700 und 1200 m. z. z.

2. Feuereröffnung: Vor Beginn des Feuers hat der Führer zu erwägen:

a. ob die Bedeutung, d. h. die Gefährlichkeit des Gegners, sowie die sonstigen Umstände (: Gefechtslage z. B. :) den Beginn des Feuers erfordern.

b. welche Treffwirkung nach Lage der Dinge zu erwarten ist,

c. ob das zur Erlangung der erforderlichen beabsichtigten Wirkung nötige Munitions-Quantum zur Verfügung steht und auch eingesetzt werden darf.

(: Verhältniss des Angreifers zum Verteidiger,)

3. Wahl und Bezeichnung des Ziels:

4. Schätzen der Entfernung:

Befehl: „Schätzen!"

5. Einschießen am Ziel:

6. Visier u. Wahl:

7. Wahl des Zeitpunktes:

c. Schnellfeuer. z. B.
z. B. beim Ansturm des Feindes
auf nächste Nähe. —
kurz vor dem Einbruch in die
feindliche Stellung.

9. Einstellen des Feuers:

10. Leitung des Munitions-Ersatzes:

1) Patronen-Mangel — Verschießen ist für die Vertheidigung sowohl, wie für den Angriff wird es sich empfehlen, die zu deren Durchführung nöthigen Patronen von Hause aus herbeizuschaffen und an die Mannschaften zur Unterbringung in ihren Brotbeuteln, Manteltaschen z. B. zu verausgaben; auch sind stets Vorkehrungen zu treffen, daß die Patronen Gefallener oder Verwundeter zur Ergänzung der Munition herangezogen werden.

Im Gefecht werden seitens grundsätzlich die in der linken Patronentasche befindlichen Patronen zuerst verbraucht und bei jeder Gelegenheit d. h. Feuerpause: jene aus dem im Brotbeutel, in den Manteltaschen z. B. befindlichen ergänzt; die in der rechten Tasche befindliche Munition wird stets für das Feuer auf den allernächsten Entfernungen bezw. für das Schießen in denjenigen Momenten aufbewahrt, in denen die Gefechtsverhältnisse eines schnellen Feuers erlauben bezw. erfordern. —

//

3. Niederschl: Inftr: - Regt: Nr 50.
vom 20. 9. 85. Nr 2272.

Ein spezieller Fall, in welchem die Beurlaubung eines Gemeinen zur Wiederherstellung seiner Gesundheit nach der Heimath im Sinne des §. 34 pass: 3 des Geldverpflegungs-Reglements seitens eines Bataillons auf 4 Wochen mit Löhnung stattgefunden hat, veranlaßt mich, darauf aufmerksam zu machen, daß nach §. 34. pass 2. eine Beurlaubung von Nichtkapitulanten mit Löhnung seitens der Bataillone nur auf 8 Tage erfolgen kann, auf weitere Dauer indessen stets bei dem Regiment zu beantragen ist. —

X

Denkschrift:
Einiges über Vorposten, Patrouillen und Signale.
von
Seiner Königl: Hoheit dem Prinzen Friedrich Karl von Preußen.
Berlin 1868.

1. Gefechts- oder Marsch-Vorposten

Veränderungen der Vorposten-Aufstellungen verleihen Sicherheit.

Die Jagdtrupps.

Dieselben werden von der Infanterie gegeben und sind nur für die Nacht. Sie bestehen aus einem Offizier und 10 - 40 ausgesuchten Leuten. Man legt sie im Vorfeld an geeigneten Punkten, weit vor unserer Front oder Flanke, ohne Zusammenhang mit den Vorposten oder in des Feindes Flanken. Werden sie entdeckt, so verändern sie um einige 100 Schritt ihre Aufstellung nach vorwärts oder rückwärts, nach rechts oder links, der Lokalität angemessen, und werden dann nicht wiedergefunden und nicht aufgehoben werden können. Sie legen sich nieder, die Gewehre neben sich, um sich zu verbergen. Alles ist wach, vielleicht aber ein Mann auf Posten. Sie rufen nicht an, sondern machen Gefangene und geben Feuer, wenn eine den Vorposten gefährliche Unternehmung von ihnen entdeckt wird. Kleinere feindliche Patrouillen gewöhnlicher und

[illegible]

Unternehmung, von ihrem früher beschlossen, als es noch den bei Tage über uns eingegangenen Nachrichten anzunehmen war, glaubt sich entdeckt und wird oft ihr Vorhaben aufgeben.

Einiges über Patrouillen.

p. p.
Offizier-Patrouillen sind die Regel, kleinere oder Schleich-Patrouillen nur die Ausnahme.

p. p.
Ich bin der Ansicht, daß wir 1866 nicht diejenige Aufmerksamkeit diesem Dienste gewidmet haben, wie es 1813 und 1814 geschah und die er verdient.

Auf Terrain bezügliches.

Die Vorposten, Grand- und Feldwachen müssen ebenso wie ihre Posten das Terrain benutzen.

Man beurtheile, daß man in einer Gefechts-Aufstellung nur vorwärts rückt, und niemals nach rückwärts. Ein Gefecht darf auch nie damit anfangen, daß man gewöhnlich seine Reserve zur Aufnahme nach rückwärts zu schicken. Auch sie muß ihre Aufstellung, indem sie vorwärts geht, erreichen. —

Zum Schluß wird darauf aufmerksam gemacht, wie selbst bei einem Alarm es vortheilhafter ist anstatt durch Signale die schlafenden Leute still zu wecken und durch den Zuruf die Truppe

Allerh: Cab: Ordre v. 20. Septbr: 1886 betreffend die weitere Ausgabe von Gewehren M. 71. 84.

i: Kriegs-Minister: v. 26. 10. 86. No 2801/86
Gef: A. 2. :/

1. Gruppe: Jäger, VII, VIII, XI, XIV A. K.
2. " 15. A. K.
Regts: No 117 u. 118 d. 25. Div: 10. A. K.
3. " Garde-Corps, 3. 4. 9. A. K.
4. " 1. 2. 5. 6 A. K.

No 2481. 8/11 86.

Regiments-Befehl

Ich verbiete, daß Musiker in hiesigen Gegenden Tanzlokale oder öffentliche Vergnügungslokale besuchen.

gez: Trogge.

General-Commando v. 18. Dezbr. 86. No 6012 I.b

Bezugnehmend auf die kriegsministerielle Verfügung vom 17. Juni 1885 No 560. 6. A. 1. diesseits mitgetheilt unterm 1. Juli 1885. III. No 416/454 und eine Collerordre des General-Auditoriats vom 20.11. cr. No 4709 I bestimme ich hiermit Folgendes:

Die Truppentheile haben diejenigen Mannschaften, welche zur Disposition beurlaubt oder zur Reserve entlassen werden, vorher stets darauf aufmerksam zu machen, daß die zu den Controll-Versammlungen einberufenen Personen des Beurlaubtenstandes den Militairgesetzen, wie der Militair-Gerichtsbarkeit während des ganzen Tages der Controll-Versammlung und nicht nur während der Dauer der letzteren unterworfen sind.

Dasselbe ist auch seitens der Bezirks-Commandeure bei jeder Controll-Versammlung den neu Einberufenen mitzutheilen.

gez: Frhr. von Hüllessem.

Kriegsministerium 23. 3. 86 No 470. 3 A. 1

Dem Königlichen General-Commando erwidert das Kriegsministerium auf das gefällige Schreiben vom 11. März d. Js. I.a 1361 ergebenst, daß der Regimentsarzt dem Commandeur desjenigen Bataillons, bei welchem er den ärztlichen Dienst zu versehen hat, hinsichtlich dieses Dienstes unterstellt, und mithin der betreffende Bataillons-Commandeur zur Ertheilung bezüglicher Dienstbefehle an den Regi-

Kriegsministerium vom 9.10.87. No 401/9 87 A. 2

Versuche haben ergeben, daß ein Laden der Magazine der Gewehre M/71.84 mit scharfen Patronen mit Platz- oder Exerzier-Patronen zu Explosionen in dem Magazin Veranlassung bieten kann.

Es ist daher unzulässig, die Magazinfüllung aus den bezeichneten verschiedenen Patronensorten zusammenzusetzen.

+.

Zum Wechsel der Aufenthaltsorte bedürfen die zur Disposition ihrer Truppentheile beurlaubten Mannschaften der Genehmigung ihres Landwehr-Bezirks-Kommandeurs.

Zuwiderhandelnde werden durch ihre unverzüglich zum aktiven Dienst einberufen.

/: 4. Kompagnie Befehl 1887 :/ ——

+.

Generalk. Kmdo 3.4.86. No 1633 IV b.

Ein Spezialfall giebt Veranlassung, den unterstellten Truppen-Kommandos p. p. aufzugeben, sofort die Öfen sämmtlicher Unterkunftsräume der Mannschaften in Kasernen, Wachen und Bürgerquartieren p. p. einer genauen Revision zu unterziehen, und diese Revision von Zeit zu Zeit namentlich bei Wiederbeginn der Heizungsperiode wiederholen zu lassen.

10. Division vom 29. Januar 1885. No 171 IV b.

Während der Heizperiode ist eine öftere Revision der Öfen nicht nur in Kasernen sonder-

10. Division 17. 11. 87. Nr 77 P. I.

Es ist unzulässig, daß Berichte, welche höheren Orts vorgelegt werden sollen, adressirt werden.

#

Regiments-Befehl. 1. 1. 89. Nr 14.

Bei Vorlagen von Beförderungs-Vorschlägen bestrafter Offz. u. Mannschaften ist für die Zukunft folgendes zu beachten:

Gemeine, welche zu Gefreiten in Vorschlag gebracht werden, müssen sich seit der letzten Bestrafung mindestens 6 Monate,
Gefreite zu Offz. mindestens 12 Monate und
Offz. zu Sergeanten mindestens 1 Jahr und 6 Monate
tadellos geführt haben.
Begründete Ausnahmen zulässig.

gez. Jakob.

Aufgaben,

welche der Herr Brigade-Commandeur im theoretischen Unterricht gestellt hat. 1888.

1. Verhalten des Infanteristen im Gefecht.
2. Ueber Patrouillen.
3. Verhalten bei Gesuchen und Beschwerden.
4. Verhalten auf Urlaub.
5. Ueber die hauptsächlichsten Fehler des Soldaten auf dem Schießstande.
6. Verhalten des Soldaten auf Doppelposten.
7. Vorbereitungen zum Marsch und der Marsch selbst.
8. Der Soldat ist Zeuge gewesen, von einer Desertion, was hat er zu thun?
9. Verhalten des Soldaten in öffentlichen Lokalen, [illegible]

11. Betragen des Soldaten auf der Straße – ohne Lanze
12. Sicherung der Trainwagen in der Bewegung.
13. Ueber Gefechtspatrouillen.
14. Stellung der Schloßtheile, wenn der erste Druck zurückgenommen ist
15. Sicherung einer Truppe in der Bewegung.
16. Ueber Treue.

Regts.-Befehl v. 23. 7. 89. Nr. 1834.

„Entfernungsschätzen und Einüben des zerstreuten Gefechtes“ ist nicht gleichbedeutend mit „Felddienst.“ →

Regts.-Befehl v. 24. 10. 88. Nr. 2830

betrifft Beifügung von Handschriften bei Vorlage von Beförderungs-Vorschlägen zu Gefreiten und Unteroffizieren.

III. 150 1. 10. 89.

„Vorstehendes Diktat ist ohne Hülfsmittel unter meiner Aufsicht angefertigt worden.“

Gehr.
Premier-Lieutenant L.

Regiments-Befehl 20. 9. 89. Nr. 2369.

Nachsehen der Bekleidungs- und Ausrüstungsstücke von kommandirten Mannschaften vor dem Abgange durch die Bataillons-Bekleidungs-Commission.

Kriegsministerium 19. 9. 89. Nr 581. 9. 89. B4.

Das Niedersetzen in den Marketendereien zum Zwecke des Verzehrs ist unstatthaft.

Generalkommando 16. 2. 90. Nr 866 IIa.

Ich bin heute Vormittag gegen 1 Uhr Mannschaften des 47. Regiments begegnet, welche in größerer Zahl, trotz des Tauwetters, zum Arbeitsdienst herangezogen worden waren. Sie trugen auf großen Tischplatten den Anzug, in dem gestern die Rekruten-Vorstellung stattgefunden hatte, aus dem Palais Grolmann in das Ökonomie-Gebäude.

Wenn irgend angängig, muß dem Soldaten der seine Schuldigkeit gethan hat, der Sonntag nicht verkürzt werden; das ist alter Brauch in der Preußischen Armee und entspricht auch Gottes Gebot.

gez: von Seeckt.

Erforderlich erscheint: Sorge für gut geheizte Zimmer, Ausgabe der dritten Decke an die Mannschaften, Verhütungen der Erkältungen nach dem Dienst, besonders bei erhitzten Mannschaften (durch Ueberhängen der Mäntel, Nichtstehenlassen im Zuge u. dergl.), Abhalten der Uebungen möglichst in geschlossenen, nicht zugigen Räumen, Verabreichung von warmen Suppen, Thee u.s.w. des Abends; Sorge für gute Lüftung der Zimmer, besonders Regelung der Erwärmung.

Müncheberg 15.9.88.

Seine Majestät der Kaiser und König haben sich beim Vortrage dahin auszusprechen geruht, wie es Allerhöchstdenselben gelegentlich der diesjährigen Truppenbesichtigungen aufgefallen sei, daß einzelne Truppentheile bei der Begrüßung Seiner Majestät durch Hurrah-Rufen die Kopfbedeckungen abnahmen ....

auf geschwenkt halten.

Seine Majestät haben hiernächst Allerhöchstihrer Willensmeinung dahin Ausdruck gegeben, daß in Zukunft bei gleichem Anlaß die Kopfbedeckung nicht abgenommen werden, die Truppen vielmehr beim „Hurrah-Rufen" in ungezwungener, aber militairischer Haltung verbleiben sollten.

In Ausführung des mir ertheilten Allerhöchsten Befehls beehre ich mich dem Königlichen General-Kommando unter dem Anheimstellen des Weiteren, hiervon Kenntniß zu geben.

gez. von Hahnke

Korpsbefehl vom 18. 4. 89. I b 2030.

Auf das Kabinetsschreiben, d. d. Müncheberg, den 15 September 1888, diesseits mitgetheilt unter dem 22. 9. 88. Ia No 4989 wird nochmals besonders aufmerksam gemacht, da Seine Majestät es mißfällig bemerkt haben, daß beim Hurrahrufen nicht nur einzelne Stehende, sondern auch die als Chaine commandirten Mannschaften zum Theil wieder die Helme abgenommen, bezw. geschwenkt haben.

gez. von Wilczeck

Regimentsbefehl vom 12. 4. 90 J. Nr. 458.

Ich wünsche, daß den Mannschaften keinerlei Kosten aus dem Haarschnitt und eventl. Rasieren erwachsen und bestimme daher, daß die Scheren, Messer und sonstige Requisiten von den Kompagnien zu beschaffen und in brauchbarem Zustande zu erhalten sind.

Die Kompagnie-Chefs haben für die Ausbildung geeigneter Leute im vorschriftsmäßigen Haarschnitt und im Rasieren Sorge zu tragen.

Ich betrachte das Haarschneiden pp. als Dienst.

gez. von Stuckrad.

Kriegsministerium 21. 3. 89. Nr. 291/2

89. A. 1.

betrifft Requisitionen von Civilbehörden um militärische Hülfe. —

Kriegsministerium 22. 6. 89. Nr. 245. 5. 89.

A. 1.

desgleichen.

9. Division. 6.11.89. I. Nr. 2325.

Unter Aufhebung der diesseitigen Verfügungen vom 2.12.82. I Nr. 2253 und vom 21.6.85. II. Nr. 1264. bestimme ich, dass Urlaubs-Anträge zum Zwecke der Erholung die Dauer von 4 Wochen nicht überschreiten dürfen. Längerer Urlaub ist nur in besonders zu motivierenden Fällen oder bei Erkrankungen auf Grund eines militärärztlichen Attestes nachzusuchen.

gez. von Köller.

Regimentsbefehl vom 18.6.90. I. Nr. 1690.

Ich bestimme hiermit, dass innerhalb des Regiments Meldungen in Veranlassung einer Königlichen Kabinets-Ordre in Epauletten, alle übrigen Meldungen im Achselstücken zu erstatten sind.

gez. von Stuckrad.

Ausbildung der Offiziere.

Im Anschluss an Meine Ordre vom heutigen Tage, betreffend die diesjährigen Truppen-Übungen, bestimme Ich, dass der gründlichsten Detail-Aus- ...g, namentlich der jüngeren Offiziere und vorzugsweise im Feldtienst, die Fürsorge aller Truppenbefehlshaber in erster Linie zugewiesen ist. Dem entsprechend dürfen Urlaubs-Bewilligungen nur insoweit eintreten als hierdurch nach dem pflichtmäßigen Ermessen der Kommandeure die Ausbildung der Offiziere nicht beeinträchtigt wird. Das Kriegsministerium hat hiernach das Erforderliche bekannt zu machen.

Berlin, den 29 Februar 1872.

gez. Wilhelm

No 714. 2. A. I a.

Kriegsministerium 14. 11 72 No 391. 11. 72. A. I a.

betrifft Urlaub der Offiziere.

pp. Als Grundsatz muß festgehalten werden, daß bei jeder Kompagnie außer dem Chef oder seinem Stellvertreter noch ein Lieutenant zum Dienst verbleiben und nur bei denjenigen Regimentern, welche eine besonders geringe Zahl von Subaltern-Offizieren haben, für kürzere Zeit eine Abweichung von diesem Grundsatz als gerechtfertigt zu erachten ist.

Generalkommando 16. 12. 90. Nr 8802 II

Die Herren Truppen-Kommandeure ersuche ich darauf Bedacht zu nehmen, den Herren Offizieren, soweit dies ohne den Dienst zu schädigen angängig, die Möglichkeit Jagden beizuwohnen, nicht zu schmälern.

g. g.

Generalkommando 18. 12. 90. Nr 8878 IIa

Im Dienst dürfen Pelzkragen, von nicht auffallender Farbe, auf Mantel oder Paletot getragen werden.

Es ist diese Erlaubniß aber ausgeschlossen bei jedem Dienst in Reih und Glied, sowie wenn der Offizier die Seitenwaffe zieht. Ebenso bei gemeinsamen Parole-Ausgaben.

1. Die Befehle, welche seitens der Compagnie-Chefs gegeben werden, gehören nicht in das Parolebuch.

2. Alle übrigen Befehle sind mit dem Namen des Vorgesetzten, welcher sie gegeben, – und zwar mit dem Zusatz „gezeichnet" bezgl. – zu unterzeichnen. –

3. g. g.

9. Division 20. 11. 90. Nr 330/1013 IIa

Die Urlaubskarten sollen stets auf einen namentlich bezeichneten Mann und einen bestimmten Tag lauten und dürfen keinesfalls durch den Feldwebel ausgestellt werden.

Generalkommando 16. 12. 90. No 8802 IIa

Die Herren Truppen-Kommandeure ersuche ich hierauf Bedacht zu nehmen, den Herren Offizieren, soweit dies ohne den Dienst zu schädigen angängig, die Möglichkeit Jagden beizuwohnen, nicht zu schmälern.

z. z.

Generalkommando 18. 12. 90. No 8878 IVa

Im Dienst dürfen Pelzkragen, von nicht auffallender Farbe, auf Mantel oder Paletot getragen werden.

Es ist diese Erlaubniß aber ausgeschlossen bei jedem Dienst in Reih und Glied, sowie wenn der Offizier die Seitenwaffe zieht. Ebenso bei gemeinsamen Parole-Ausgaben.

9. Division 19. 11. 90. Nr 2727/2805 II.

betreffs Parole-Bücher.

1. Die Befehle, welche seitens der Compagnie-Chefs gegeben werden, gehören nicht in das Parole-Buch.

2. Alle übrigen Befehle sind mit dem Namen des Vorgesetzten, welcher sie gegeben, – und zwar mit dem Zusatz „gezeichnet" beziehungsweise – zu unterzeichnen. —

3. g. g.

9. Division 20. 11. 90. Nr 330/1013 IIa

Die Urlaubskarten sollen stets auf einen namentlich bezeichneten Mann und einen bestimmten Zeitraum lauten und dürfen keinesfalls durch den Feldwebel ausgestellt werden.

Generalkommando 13. 1. 91. II b 197.

Generalkommando 11. 12. 90. III. 528 sub 3.

„Die von einem Compagnie-Chef getroffene Anordnung, daß die Arbeiten zwischen dem Aufstehen und dem Beginn des Frühstücks unter Aufsicht der Corporalschaftsführer, gewissermaßen zu einer Einleitung zu üben und daß dies – wie aus der Aussage des Feldwebels hervorzugehen scheint – kein eigentlicher Dienst sei, ist durchaus nicht einwandfrei.

Wenn der Compagnie-Chef eine derartige Übung für nothwendig hält und anordnet, so ist sie einfach Dienst und gehört auch in das Übungs-Journal.“ —

Die während des Turnens benutzten Gewehrbäume z. g. sind nach Beendigung desselben sofort in Verwahrung zu nehmen. —

Generalkommando 14. 4. 91. Nr 2679 IV b

Bei plötzlichen Erkrankungen requiriren die Truppen ihre Militär-Ärzte und wenn dieselben nicht aufzufinden sind, haben die Ärzte anderer Truppentheile des Corps-Bereichs Requisitionen Folge zu leisten.

Es wird erwartet, daß sämmtliche Sanitätsoffiziere, Unterärzte und einjährig freiwillige Ärzte des Corps-Bereichs Vorkehrungen treffen, um im [illegible] betr. zuständigen Garnison-Lazareths möglichst schnell aufzufinden zu werden und Hülfe zu leisten. –

General-Kommando 1. 12. 91. IVb 8251.

Die Ober-Militär-Aerzte haben sich die Re-vierkrankenbücher zuständigen Truppen-theile mindestens einmal in der Woche von dem den Revierdienst abhaltenden Hülfs-arzte vorstellen zu lassen.

Versehen einjährig freiwillige Aerzte oder Unterärzte diesen Dienst, so sind dieselben auch des öfteren während des Revierdienstes selbst seitens der Ober-Militär-Aerzte zu kontrollieren.

Zugleich werden den letzteren die §§. 23,4 25,2 26,1 und 79,1 der Friedens-Sanitäts-Ordnung zur genauesten Nachachtung in Erinnerung gebracht.

gez: von Seeckt.

9. Division 9. 12. 91. I. 2817.

Das Kommando: „Ohne Tritt!", dessen Ausführung im Exerzir-Reglement für die Infanterie I. 7. beschrieben ist, berechtigt für sich allein die Mannschaften einer marschirenden Abtheilung nicht zum Sprechen, Singen, Rauchen und beliebigen Tragen des Gewehrs.

Diese Erleichterungen treten vielmehr nach der Felddienst-Ordnung I. 201 erst auf das Signal „Abschlagen" ein, unabhängig davon, ob bis dahin im Tritt oder bereits ohne Tritt marschirt worden ist.

Die Führer von Abtheilungen, bei welchen sich ein Spielmann nicht befindet, müssen jenes Signal durch Befehl ersetzen; es empfiehlt sich hierfür die Ankündigung: „Marschordnung!" oder auch das Wort: „Abschlagen!"

gez: von Leipziger.

General-Kommando 8. 2. 91. IIa 940.

Bei den Brigade- und Kompagnie-Besichtigungen erscheinen sämmtliche Offiziere in hohen Stiefeln.

Kriegsmin: Militär-Oekonomie-Departement

17. 12. 91. Nr 311. 12. 91. B. 4.

betrifft „Waschen von Kasernenwänden“.

Kriegsmin: 6. 1. 91. Nr 847. 12. 90. A. 1.

Die zur polizeilichen Aufsicht in die Garnisonen Bayerns kommandirten Unteroffiziere sind als nicht im praktischen Truppendienst befindlich anzusehen.

9. Division 20. 1. 91. III^a 27/64.

Der Haarschnitt darf den Leuten keinen Kosten verursachen.

Die durch Beschaffung von Scheeren und Anderem geeignete Leute zum Haarschneiden entstehenden Kosten sind aus dem Unkosten-Fonds zu bestreiten.

Erinnerung des Rechnungshofes des Deutschen Reichs vom Kapitel 34 pro 18 89/90.

Bei anderen Regimentern werden die im regelmäßigen Dienstwege innerhalb des Regiments, insbesondere vorzunehmenden Versetzungen möglichst so befohlen, daß der Uebertritt auf dem Manöverterrain erfolgen kann. Im Interesse der Reichskasse dürfte es sich empfehlen, auch bei dem Infanterie-Regiment No 50 künftig hiernach zu verfahren. —

Generalkommando 30. 4. 92. II c 2750.

betrifft

1. Parole-bücher
2. Order-bücher.
3. Offizier-Order-bücher.

Generalkommando 10. 5. 92. II a 2982.

Anzug der Offiziere bei den Uebungen, Besichtigungen und Manövern.

Kriegsministerium 11. 10. 94. No 488. 9. 94. A. 1.

Das Radfahren ist den Offizieren und Mannschaften, sowohl im Dienst, als auch außer Dienst gestattet. – Inwieweit es aber zulässig erscheint, daß Offiziere und Mannschaften in den Straßen und auf Promenaden das Fahrrad benutzen, haben je nach den örtlichen Verhältnissen die Gouvernements pp. anzuordnen.

pp.

Die Ehrenbezeugungen der Mannschaften sind durch Einnehmen einer geraden Haltung und Ansehen des Vorgesetzten, wobei langsamer gefahren wird, zu erweisen. —

Armee-Verordnungsblatt 1875.

No 13.

Verordnung über den Urlaub der Reichsbeamten und deren Stellvertretung vom 2. November 1874.

General-Kdo 15. A. K. 27. 7. 93. No 6471 IIa

betrifft Kapitulationen mit Unteroffizieren, welche wegen Mißhandlungen bedeutender Art oder wegen Mißhandlung in einer größeren Anzahl von Fällen bestraft worden sind.

Kriegsministerium, 31. 12. 69.
Nr. 530/12 A. 1. a.

Den durch Trunkenheit einer verständigen Selbstbestimmung beraubten Soldaten muss bis zur Ernüchterung eine sorgfältige Aufsicht zu Theil werden.

Kriegsministerium, 22. 5. 94.
Nr. 630. 5. 94. A. 1.

Dem Vorstand erwidert das Kriegsministerium auf die eingereichte Petition, in welcher gebeten wird,

„in den in den Kasernen bestehenden Barbier- und Frisierstuben nur gelernte Barbiere und Friseure zu verwenden und solche Soldaten, welche diesen Beruf nicht erlernt haben, in demselben nicht auszubilden“

ergebenst, wie dem zum Ausdruck gebrachten Wünsche in der Armee in sofern Rechnung getragen wird, als eine derartige Ausbildung von Soldaten, die das Gewerbe nicht erlernt haben, nur insoweit stattfindet, als dieses das rein dienstliche Interesse bedingt.

Hin

ein allgemeines Verbot in dieser Beziehung zu erlassen, ist jedoch nicht angängig, da die dienstlichen Verhältnisse – es sei hier nur auf die Zeit der Abwesenheit der Truppen aus der Garnison hingewiesen – es erfordern, daß bei den Truppen stets eine genügende Zahl im Rasiren und Haarschneiden ausgebildeter Leute vorhanden ist und erfahrungsmäßig die bei der Truppe befindlichen wenig zahlreichen gelernten Barbiere und Friseure nicht überall ausreichen.

Im Übrigen steht den Mannschaften in der Garnison völlig frei, ob sie von der ihnen bei der Truppe gebotenen Gelegenheit, sich rasiren oder die Haare schneiden zu lassen, Gebrauch machen wollen oder nicht.

gez. Bronsart von Schellendorf

General-Kdo. 17. 7. 94. IIb 6194.

In Folge eines an den kommandirenden Herrn General gelangten Gesuches, die Beurlaubung von Mannschaften des Armeekorps zu Landarbeiten genehmigen zu wollen, hat seine Exzellenz sich dahin ausgesprochen, daß er im dienstlichen Interesse sich im Prinzip gegen Beurlaubungen zu diesem Zwecke erklären müsse, was indessen nicht ausschließe, daß seitens der Herren Truppenbefehlshaber nach eigenem Ermessen einzelne Leute dazu beurlaubt werden könnten.

General-Kdo. 29. 11. 94. IIb 10558.

In Zukunft sind Beurlaubungen zu Erntezwecken auch aus Anlaß von Gelände-Uebungen in den Kreisen, wo in welchen sie stattgefunden haben, nicht mehr angängig.

gez.: v. Blume.

General-Kommando 11. 2. 95. IIb 1149.

Verschiedene Vorkommnisse veranlassen mich zu bestimmen, daß die Erhebung oder Sammlung einmaliger oder fortlaufender Geldbeiträge von Unteroffizieren und Mannschaften für irgendwelche Zwecke (: Wohlthätigkeit, Vergnügungen, Ehrungen, Reservebilder u. s. w. :) sowie die Vermittelung von Beitrittserklärungen derselben zu Versicherungsanstalten und dergleichen, von Abonnements und von Abstellerbezahlungen b.

irgend welche Zwecke nur nach zuvor auf dem Dienstwege eingeholter Genehmigung des Regiments-Kommandeurs bezw. selbständigen Bataillons-Kommandeurs pp. gestattet ist. Auf Geldeinsammlungen bei Konzerten pp. der Musikkorps findet diese Bestimmung keine Anwendung.
Die diesseitige Verfügung vom 26.6.88 II^{b} 5781 bleibt daher in Geltung, daß die Verwaltung und Aufbewahrung solcher Gelder durch den Kompagnie- pp. Chef selbst zu übernehmen ist.

gez. v. Blume.

<u>General-Kommando v. 26.6.1888. II^{b} 5781.</u>

In Folge einer kriegsrechtlichen Verurtheilung eines Mannes wegen Unterschlagung und schwerer Urkundenfälschung ist es zur Kenntniß des General-Kommandos gekommen, daß Mannschaften des zur Entlassung kommenden Jahrgangs einer Kompagnie, zum Zwecke des vielfach üblichen, gemeinsamen Photographirens und zwar ohne Genehmigung des betreffenden Kompagnie-Chefs, Gelder ansammelten, und mit Verwaltung derselben einen Kameraden beauftragten.

Indem ich die Aufmerksamkeit der Herren Regiments-Kommandeure auf diesen Gegenstand lenke und denselben anheimstelle weitere bezügliche Bestimmungen zu geben, befehle ich:

1. Das Ansammeln von Geld unter den Mannschaften ist nur mit Genehmigung des betreffenden Kompagnie-Chefs zu gestatten.

2. Die Verwaltung und Aufbewahrung solcher Gelder hat der Kompagnie-Chef selbst zu übernehmen.

gez. von Heuduck

General-Kommando v. 27. 2. 95. Ib. Nr. 1673.

Im Anschluß an die Bestimmungen des A. V. Bl. d. Js. Seite 40 Nr. 30 bestimme ich, daß die Ausbildung derjenigen Mannschaften des jüngsten Jahrganges der Infanterie, welche zur Verwendung als Spielleute vorgesehen sind, nach der Kompagnie-Besichtigung zu beginnen ist. Dieselben sind neben der Weiterführung der vollen militärischen Ausbildung soweit zu fördern, daß sie bei der Herbst-Entlassung der Reserven als Spielleute verwendbar erscheinen; alle weiteren Anordnungen treffen die Regiments-Kommandeure.

Zur Ausbildung sind heranzuziehen für jedes I. bis III. Bataillon 16, für jedes IV. Bataillon 8 Mann, je zur Hälfte Tamboure und Hornisten, ferner für jedes Regiment 14 Mann als Reservespielleute.

Der kommandierende General

gez. von Blume.

Generalkommando 22. 11. 90. II b 1083.

Auszug:

Führung:

„hat keinen Dienst gethan"

„hat nur wenige Tage Dienst gethan"

„während seiner kurzen Dienstzeit gut."

Für die Manöver der 10. Division pro 18[illegible]

Posen ist durch ein Investirungs-Korps eingeschlossen, das außer anderen Detachi-
rungen ein Ost-Detachement auf
Neutomischel vorgeschoben hat. Ein
bei Frankfurt a/O und Guben erst in
der Bildung begriffenes Korps hat einige Detachements, darunter das West-Detachement, auf das rechte Oder-Ufer geworfen. –

…en – Berlin, und hat ein Süd-Korps
bis in die Gegend bei Meseritz vorgeschoben.
gez: von Rosenberg.

Generalst. Chef.

Ein West-Detachement hat die Obra bei Bleesen überschritten und soll die linke Flanke eines über Meseritz – Tirschtiegel nach Posen marschierenden Korps bilden, während demselben ein bei Posen in der Konzentration befindliches Ost-Korps ein Ost-Detachement von Kähme entgegen gesendet.

gez: von Wittich.

Generalst. Chef.

Ein Ost-Korps aus West-Preussen und ein West-Korps aus der Mark Brandenburg gehen gegeneinander vor.

gez: von Alvensleben.

Generalst. Chef.

Eine Ost-Armee ist bei Birnbaum und Bentschen in der Versammlung begriffen, eine West-Armee von Vor-Pommern und der Neu-Mark her im Anmarsch auf Posen. –

Seitens der Kavallerie der Ost-Armee haben mehrfache Bahn-Zerstörungen dicht östlich Reppen stattgefunden.

gez: von Alvensleben.

General-Idee.

Ein West-Corps ist in der Vereinigung um Glogau begriffen.

Ein Ost-Corps, von Kalisch gegen die Provinz Schlesien im Anmarsch, hat die Gegend von Rawitsch erreicht.

gez: von Wittich.

General-Idee.

Ein Nord-Corps hat sich bei Fraustadt und Lissa gesammelt, ein Süd-Corps geht über Breslau dagegen vor.

gez: von Alvensleben.

1883.

General-Idee.

Eine feindliche Ost-Armee cernirt Posen, ein Ost-Corps wird über Pinne in der Richtung gegen Küstrin entsendet.

Die zum Entsatze von Posen bestimmte und bei Frankfurt in der Concentration begriffene West-Armee schiebt zur Deckung ein West-Corps gegen Meseritz vor.

gez: von Rosenberg.

General-Idee.

Eine Nord-Armee operirt gegen Posen und hat mit ihrer Tete Obornik erreicht; ein Nord-Corps ist gegen die Warthe bei Zirke und Birnbaum im Anmarsch, um die Eisenbahn-Verbindungen mit Berlin zu unterbrechen.

Der

Eine von Bromberg auf Posen im Anmarsche befindliche Nord-Armee hat zur Sicherung ihrer linken Flanke ein Detachement über Gnesen – Schroda – Schrimm auf das linke Warthe-Ufer entsendet.

Eine bei Breslau in der Formation begriffene Süd-Armee hat zur Deckung der in der Armirung begriffenen Festung Glogau und der beiden dort befindlichen Brücken ein Detachement nach Lissa in Marsch gesetzt.

gez: Graf Schlippenbach.

General-Idee.

Eine Ost-Armee überschreitet von Kalisch bis Wieruszow die Grenze. Ein Ost-Detachement hat Jaroczyn in seine Gewalt gebracht und geht auf Lissa vor.

Eine West-Armee konzentrirt sich auf der Linie Breslau – Rawitsch. Ein West-Detachement hält ihre Verbindung mit Posen.

gez: von Alvensleben.

Eine Westarmee ist bei Posen in der Formation begriffen. Eine Ostarmee marschiert von Warschau auf Slupce; ein über Peisern entsendetes linkes Seiten-Detachement (: Ost-Detachement :) ist in der Richtung auf Schroda vorgegangen und hat die schwachen an der Landesgrenze echelonnierten feindlichen Streitkräfte zurückgeworfen. Letztere haben sich auf ihre Verstärkungen nach Schroda zurückgezogen. (: West-Detachement :)

gez: Graf Schlippenbach

General-Idee.

Posen ist von einer Ost-Armee eingeschlossen. Abtheilungen einer West-Armee sollen deren Verbindungen (: über Thorn und Slupce :) von Norden her unterbrechen, Abtheilungen der Ost-Armee sie schützen.

gez: von Alvensleben.

1881.

General-Idee.

Posen ist von einem Nord-Korps cerniert. Zum Schutze gegen Süden ist von dem letzteren ein Detachement nach Schrimm vorgeschoben.

Von Breslau aus ist eine Süd-Armee zum Entsatz von Posen im Anmarsch und hat ein Detachement nach Krotoschin vorausgesandt.

gez: von Rosenberg.

(: Schlacht von Tel-el-Kebir am 13. 9. 1882

(: Die Chilenen am 13. Jan. 1881 bei Chorrillos;

(: Libell 1882 :(

<u>Fortifikation in der Kriegführung:</u>

die englische Invasion in Egypten.

Küstenbeschießung Alexandria

Verschanzung bei Tel-el-Kebir.

(: Gegensatz zu Plewna;

Sir Garnet Wolseley's Bericht über den

Kom. Mil.-Wochenbl. v. 1. 11. 1882. —

www.ingramcontent.com/pod-product-compliance
Lightning Source LLC
Chambersburg PA
CBHW021816230426
43669CB00008B/773